세계 옛 도시를
걷다

세계 옛 도시를 걷다

여홍기

오랜 기억을 간직한 옛 도시에서 마주한 시간과 풍경 | 도정이음 편사

옛 도시는 오랜 기억을 간직하고 있다. 벽돌 한 장, 돌계단 하나에도 많은 이야기가 담겨 있고, 폐허가 된 유적 위로는 여전히 사라지지 않은 영광의 흔적이 바람처럼 맴돈다. 시간이 멈춘 듯한 옛 모습은 우리를 오래전 그 시절로 데려가 준다.

나는 옛 도시의 매력에 이끌려 지난 수년간 세계 곳곳의 역사 도시들을 걸어왔다. 어떤 도시는 폐허 위에서 다시 일어섰고, 어떤 도시는 무너진 모습 그대로 잠들어 있었다. 도시마다 눈앞에 펼쳐지는 풍경은 달랐지만, 그 안에서 느껴지는 울림은 다르지 않았다. 도시들은 세월이 흐르며 잃어버린 것과 지켜 낸 것들 사이에서 조용히 자신만의 이야기를 들려주고 있었다.

옛 도시는 단지 과거의 유산이 아니라 지금도 살아 숨 쉬는 기억의 장소이다. 도시를 이루는 거리와 건물, 유적과 문화, 그곳에서 살아가는 사람들까지, 모든 요소가 긴 시간을 지나온 흔적을 품고 있어 오늘의 시선으로도 깊은 감동이 전해진다.

그러나 우리는 때로 도시의 진짜 모습을 놓친 채, 바쁜 걸음으로 풍경만 훑고 지나간다. 이 책은 그런 아쉬움에서 출발했다. 화려하고 유명한 관광지로서가 아니라, '오랜 기억을 품은 장소'로서의 도시를 마주하고 싶은 이들을 위한 인문 기행이다. 아는 만큼 보인다는 말처럼, 스쳐 지나가면 단지 오래된 거리일 뿐이지만, 도시의 역사를 알고 바라보면 그곳에 숨어 있던 이야기가 하나둘 모습을 드러낸다. 이 책은 그렇게 내가 마주한 옛 도시들의 시간과 공간에 대한 기록이다. 이 작은 기록이 언젠가 당신의 여정이 시작되는 한 장면이 될 수 있기를 바란다. 도시가 들려주는 목소리에 귀 기울이고 싶은 이들과 함께, 나는 다시 오래된 도시를 걷는다.

차례

I

왕조를 연
도시

1

안 양

전 설 의
왕 조 를
품 다

안양(安陽)은 중국 허난성[河南省] 최북단에 있는 도시로, 중국 상고사(上古史)의 비밀을 간직한 고도(古都)이다. 도시 중심부에는 은허(殷墟)를 비롯한 수많은 고대 유적이 흩어져 있다. 이곳에서 출토된 갑골문은 전설로 여겨지던 삼황오제와 하(夏) 왕조 그리고 은(殷) 왕조의 역사적 실재를 뒷받침하는 중요한 고고학적 증거로 평가된다. 은 왕조는 상(商) 왕조의 별칭으로, 상 왕조의 후기 도읍지였던 '은'의 지명을 따서 부르는 명칭이다. 역사학적으로는 '상(商)'을 정식 국호로 사용한다.

과거 안양시 샤오툰춘[小屯村(소둔촌)] 일대에서는 귀갑(龜甲)과 우골(牛骨) 같은 동물의 뼛조각이 다수 출토되었고, 이는 용골(龍骨)이라는 이름의 한약재로 유통되고 있었다. 1899년 청나라 말기의 금석학자 왕의영(王懿榮)은 학질 치료를 위해 한약방에서 용골을 사 왔다가 우연히 그 뼈에 새겨진 미세한 문자의 흔적을 발견하고는 용골을 수집해 연구를 시작하였다. 이후 이 문자는 은나라 시기의 점복용 문자, 즉 갑골문자로 밝혀졌다.

1928년부터 샤오툰춘 일대의 본격적인 발굴이 이루어지면서 10만여 점에 달하는 갑골문과 궁전터, 지하 분묘, 청동기 유물 등이 잇따라 발견되었다. 이 유적은 상 왕조 말기의 수도였던 은허로 밝혀졌으며, 이로써 그동안 실체가 불분명했던 중국 최초의 역사적 왕조가 실재했음이 입증되었다.

한편, 2009년 안양에서 중국 전역을 떠들썩하게 만든 사건이 일어났다. 도굴범 검거 과정에서 발각된 한 고분을 발굴하는 과정에서 '위무왕(魏武王, 조조의 사후 시호)'이라고 적힌 묘비가 발견되면서 그 무덤이 조조의 묘일 가능성이 제기된 것이다. 조조는 자신의 사후에 72개의 가짜 무덤을 만들고, 업성(鄴城) 서쪽에 자신의 무덤을 만들되, 봉분을 쌓지 말고 주변에 나무도 심지 말라고 유언했다고 전해진다. 이 발견은 그동안 업성 서쪽 일대 어딘가에 있으리라고 추정되어 오던 조조 묘의 실체에 관한 첫 고고학적 단서로 평가되며 화제를 모았다.

은허궁전종묘유지는 안양시 샤오툰춘에 있는 고대 상 왕조 후기의 수도 유적으로, 2006년 유네스코 세계문화유산으로 등재되었다. 이곳에는 상 왕조의 궁전과 종묘, 제단 등 주요 건축물의 흔적이 남아 있다. 유적지 입구 근처에 자리한 은허박물관에는 갑골문, 청동기, 옥기 등 4천 여 점에 달하는 상나라 유물들이 전시되어 있다. 이들 중 상당수는 실제 은허 유적에서 출토된 것으로, 고대 중국 문명의 원형과 상 왕조의 문화 수준을 보여 준다.

· 지하로 들어가는 은허박물관 입구
· 작은 연못 속 갑골문을 형상화한 조형물

박물관에는 갑골문만큼이나 유명한 청동기 유물들이 전시되어 있다. 밥그릇, 술잔, 무기 등 그 종류도 다양하고, 용도에 따라 크기와 형태가 제각각이다. 상나라에서 청동기는 단순한 생활 도구를 넘어 국가 권력과 계급 질서, 제사의 권위를 상징하는 중요한 물질문화였다. 그래서 상나라는 청동기 왕조라 불리기도 한다.

· 전쟁에 사용된 화살촉과 청동창
· 다양한 종류의 청동기(출처: 위키미디어 공용)

안양 샤오툰춘을 중심으로 상나라 시기의 궁전, 종묘, 제단 등 50여 곳의 건물터가 발견되었다. 궁전 구역은 왕이 거주하고 정무를 수행하는 궁전과 조상에게 제례를 지내는 종묘를 중심으로 두 축으로 배치되어 있다. 1928년부터 1937년까지 15차례에 걸친 발굴 조사 결과, 이 궁전 구역은 일정한 배치 방식에 따라 조를 지어서 배열했음이 확인되었다. 건축물은 동서와 남북으로 두 채가 마주 보게 배치하고, 그 사이에 정원을 두어 일조량을 고려하였으며, 건물의 평면은 대체로 방형이고 방향은 정남북이다. 이러한 방향성은 건축물의 방향을 정할 때 중심축선을 고려했음을 의미한다. 기원전 11세기경에도 이처럼 건축에 철학과 기술을 적용했다는 사실이 놀라울 따름이다.

· 상나라 시대 건축 요소를 재현해 지은 전시관 건물

왕궁을 건축하기 위해 먼저 기초 바닥면을 평평하게 고른 뒤, 백회를 얇게 펴 바르고 그 위에 흙을 다져 쌓는 판축 기법으로 기단을 조성하였다. 이후 자연석 주춧돌에 기둥을 세우고 흙벽과 초가지붕을 얹어 완성하였다.

옛 건물터에는 잔디를 심어 건축물의 규모를 짐작할 수 있도록 하였고, 건축물의 기둥 자리에는 빨간색 나무토막을 설치해 그 구조를 시각적으로 표현해 놓았다. 또한 일반 주택과 전랑을 일부 재현하여 상나라 건축 문화를 살펴볼 수 있도록 하였다. 가장 큰 건축물의 면적은 약 40m×10m에 달하여, 그 당시에도 대형 목조 건축물을 지을 수 있는 기술이 존재했음을 알 수 있다.

궁전 주변의 움집 유적에서는 식량과 생활용품, 농기구 등이 출토되었으며, 특히 샤오툰 제91호 건물지에서는 무려 17,097편의 갑골문이 발견되기도 하였다.

· 백회로 다졌다는 항토기지(夯土基址)
· 건축물 기둥 자리에 빨간색 나무토막을 세워 표시해 두었다.

한편 궁전, 종묘 또는 제사 장소로 추정되는 49개 건물지에서 순장묘의 흔적이 확인되었다. 상나라에서는 주로 농사가 잘 안되거나 천재지변이 일어났을 때 순장을 하였지만, 건축물 터를 잡을 때나 완공한 후에 건축물이 무너지지 않기를 기원하며 신에게 사람이나 동물을 제물로 바치는 순장을 행하였다고 한다. 순장 대상은 주로 전쟁 포로와 노예 등이었고, 강족(羌族) 등 서방계 유목민도 포함되었다는 기록이 갑골문에 남아 있다.

이곳 은허의 궁전터 아래에서는 제사나 순장에 사용된 것으로 보이는 소 30마리, 양 100마리, 개 78마리의 유해와 함께 다수의 인골이 발견되었다. 201구의 순장된 인골은 바로 눕혀 있거나, 여러 구가 옆으로 촘촘히 정렬된 형태로 매장되어 있었다. 목이 베인 모습의 유골은 제물로 바쳐진 후에 매장된 것으로 보이며, 어떤 묘역에서는 무릎을 꿇은 채로 창과 방패를 들고 있는 인골도 발견되었다.

· 궁전터 앞에 순장된 인골이 보이도록 강화유리로 덮어 공개하였다.
· 가운데 두 구는 가지런히 놓여 있고, 양옆의 두 구는 가운데 쪽을 바라보고 있다. 죽어서도 임을 향하는 애틋한 마음이라 할까!
· 전투병이 출정하는 모습의 인골

1976년에는 은허궁전종묘유지 내 병조기지 서남쪽 지역에서 부호(婦好)의 묘가 발굴되었다. 이 무덤에서 '부호'라는 이름이 새겨진 청동기 명문이 출토되어, 은허에서 발견된 왕실 무덤 가운데 유일하게 무덤 주인의 신원이 밝혀진 사례이다.

부호는 상나라 왕 무정(武丁)의 여러 부인 가운데 하나로, 무정의 뒤를 이어 즉위한 조경(祖庚)과 조갑(祖甲)의 생모로 여겨진다. 부호는 국가의 제사를 주관하였고, 중국 역사상 기록에 남아 있는 최초의 여장수로 1만 3천여 명의 대군을 이끌고 전쟁을 지휘한 인물이었다.

부호의 묘는 땅속을 깊이 파내어 축조하였으며, 묘실 규모는 남북으로 5.6m, 동서로 4m이고, 깊이는 7.5m에 달한다. 묘 위 지상에는 부호를 위한 제례 공간인 향당(享堂)이 있었다고 한다. 무덤 내부에서는 청동기 486점, 옥기 755점, 석기 63점, 뼈 제품(골기) 564점이 출토되었고 순장자 16명과 개 6마리도 함께 매장되어 있었다.

이 묘는 신중국 성립 이후 최초의 여성 고고학자로 꼽히는 정전샹[鄭振香]에 의해 발굴되었다. 1975년 겨울, 한 농민이 밭을 개간하던 중 단단하게 굳은 땅을 발견해 신고하였고, 이듬해에 정전샹이 조사에 착수하면서 부호의 무덤과 그 속의 엄청난 유물이 세상에 드러나게 되었다. 부호의 묘에 매장되었던 청동기의 방대한 수량과 정교한 형식, 섬세하게 새겨진 문양과 명문에서 부호의 위상을 가늠할 수 있다.

· 상나라 여장수 부호
· 부호의 묘 입구와 무덤 내부
· 부호묘 출토품(출처: 위키미디어 공용)

은허왕릉유지는 안양 샤오툰춘을 중심으로 북쪽과 남서쪽의 강촌 일대에 있다. 상나라 왕 반경(盤庚)이 기원전 14세기 무렵 지금의 안양인 은(殷)으로 도읍을 옮긴 이후 이곳에는 마지막 주왕에 이르기까지 여러 왕이 존재했었다. 현재까지 13기의 대형 왕릉과 1,400여 개의 제사갱이 발굴되었고, 같은 지역에서 약 3,000여 기의 평민 묘도 함께 발견되었다.

이곳 왕릉의 평면 형태는 방형 혹은 아(亞) 자형이며, 지하 약 10m 깊이에 관을 안치하고 중심부에 대형 청동 솥을 두었다. 관 옆에는 첩과 노예를 순장한 흔적이 보이며, 많게는 단일 무덤에 200여 명을 순장한 곳도 있었다. 순장자 대다수는 허리나 팔, 다리가 절단된 채로 묻혔으며 순장을 거부한 듯한 자세를 취한 인골도 일부 발견되었다.

· 청동 의기가 출토된 위치에 상징 조형물을 세워 놓았다.
· 왕릉의 평면 구역을 알기 쉽게 관목류를 심어 구분하였다.
· 평민 묘는 토양의 색깔을 달리하여 표식해 두었다. 제사 때 희생물로 바쳐진 사람들이 한 구덩이에 수십 명까지 묻혀 있었다.

은허 왕릉 유적에서 출토된 후모무정(后母戊鼎)은 상나라의 왕 조경 혹은 조갑이 어머니를 위해 제사를 지내려고 주조한 솥으로 추정된다. 이 후모무정은 상나라 청동기의 대표작으로 꼽히는데, 입구의 길이가 112cm, 너비가 79.2cm, 높이가 133cm, 무게가 832.84kg으로 지금까지 전 세계에서 출토된 청동기 중 가장 크고 무거운 것으로 알려져 있다. 왕릉에서 발견된 대형 청동 솥은 지배 계급의 특권 의식이 시작되었다는 일종의 징표이다. 지배층은 지하 무덤에 청동기를 배치함으로써 죽은 자의 위상과 생전에 누리던 권위를 표현하고자 하였다. 청동기 표면에 새겨진 도철문(도철이라는 상상 속의 동물 모양을 본떠 동기에 새긴 무늬) 같은 초자연적이고 괴기스러운 문양은 절대자의 권위와 신비성을 나타내는 것으로, 백성에 대한 위압적 상징으로 기능하였다.

· 안양에서 출토되어 현재 중국국가박물관에 소장되어 있는 후모무정(출처: 위키미디어 공용)
· 왕릉유지의 중심부 연도에 놓아 둔 청동 솥

청동기는 처음에 주로 제사 의례용으로 쓰였으나 점차 청동기로 만든 식기, 주기, 역기 등 다양한 종류가 등장하게 되었다.

은허 유적에서는 약 1만m^3 규모의 청동기 주조 작업장이 확인되었으며, 당시 100kg이 넘는 거대한 청동기를 주조할 수 있는 고도의 기술을 갖추고 있었음을 알 수 있다.

· 무덤 내부에 관과 청동 의기가
  놓였던 자리
· 왕릉에 순장된 사람의 인골

왕릉유지 내 차마갱(車馬坑) 진열관에는 현재까지 중국에서 발굴된 가장 오래된 차마(車馬) 유적이 전시되어 있다. 차마갱은 왕릉 주변에 조성된 부장갱의 일종으로, 마차와 말 등을 함께 묻은 순장 유적이다. 일부 차마갱에서는 인골도 함께 발견되었다. 상나라의 마차는 차체가 가벼우면서도 견고하고 실용적인 구조를 갖추고 있었다. 마차 한 대당 한 사람과 2~4마리의 말이 함께 순장된 경우가 많았으며, 이를 통해 노예제 사회의 실체와 순장의 잔혹성을 엿볼 수 있다.

· 차마갱 진열관 입구
· 견고한 마차 바퀴
· 순장된 말의 유해

중국문자박물관은 중국 최초의 문자 테마 박물관으로 2009년에 개관하였다. 건축 연면적은 $34,500m^2$이고 주제관의 높이는 32.5m에 달한다. 주제관의 건축 조형은 은나라 시기의 도철문을 도안하여 적용한 것이 특징이다.

중국의 문자 문화와 문명 발전 과정을 전시하여 문자의 중요성을 강조하고 있다. 전시품으로는 갑골문을 비롯하여 금문, 죽간, 백서 등이 있어 중국 문자의 발전사를 볼 수 있다. 박물관에 소장된 문물은 4,123점, 보조 전시품은 1,058점이며, 최근 증축하여 시설을 보강하였다.

· 은나라 청동기에 새겨진 도철문을 형상화한 중국문자박물관의 상징물(출처: 위키미디어 공용)

· 은나라의 궁전 건축 양식을 도입하여 고대와 현대의 건축이 조화를 이루도록 설계하였다.
  (출처: 위키미디어 공용)
· 박물관 내로 들어서면 마주하게 되는 건물 4층 높이의 거대한 문자 그림판
· 청동기를 주조하는 모습을 표현해 놓았다.

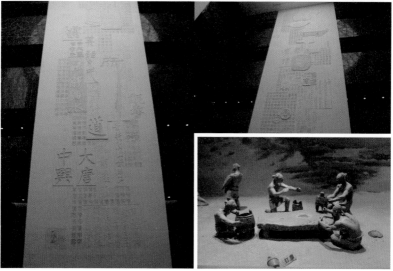

은허에서 발견된 갑골문자는 오늘날 한자의 기원이자, 은나라 역사를 증명하는 귀중한 자료이다. 거북의 등딱지나 소의 어깨뼈 같은 짐승 뼈에 새겨진 문자로, 주로 점복을 기록하는 데 사용되었다.

갑골문자는 현재까지 약 3천 자가 확인되었고 그 가운데 해독된 것은 800자 정도라고 한다. 은나라 왕은 점술사 집단을 이끌면서 거북의 등껍질 안에 열을 가하여 표면이 갈라진 균열 상태를 해석하는 신정정치(神政政治)를 펼쳤던 것이다.

· 발굴 당시 갑골문이 발견된 토층
· 거북 등껍질의 균열에 따라 점을 쳤다고 한다.
· 문자의 변천

조조고릉유적박물관은 조조의 묘가 발견된 안양시 안양현에 건립되어 2023년 4월 29일 처음 대중에 공개되었다.

2008년 안양현 시가오쉐춘[西高穴村]에 있는 한 도굴된 무덤이 조조의 묘로 추정되어 발굴이 시작되었고, 2009년 12월 27일 허난성 문물국은 이 고릉(高陵)이 조조의 묘라는 것을 확인했다고 발표하였다. 그 결정적인 근거로, 무덤에서 '위무왕(魏武王)'이라고 새겨진 석패가 다수 나왔는데, 조조는 무왕(武王)이라 불렸고 그가 위(魏)나라를 세웠으니 이는 조조를 가리킨다는 것이다.

이후 진짜 조조의 묘가 맞는지, 그 진위 여부를 둘러싸고 많은 논란이 불거졌다. 그러나 연구 분석 작업을 계속한 허난성 문물고고연구원은 2018년 3월 26일, 이 고분이 삼국지 위나라의 시조 조조의 묘라고 최종 발표하였다.

무덤 안에서는 60대로 추정되는 남성 1명과 각각 50대, 20대로 추정되는 여성 2명의 유해가 발견되었다. 조조는 66세에 사망한 것으로 알려져 인골의 연령과 유사하며, 무덤의 구조와 위치, 부장품 등을 분석하여 이 남성이 조조라고 결론을 내린 것이다.

그러나 여전히 일부에서는 조조가 생전에 '위무왕'이라는 호칭을 쓰지 않았다는 점을 들어 위무왕이라는 문구가 새겨진 명패가 조작되었을 가능성을 제기하기도 한다.

조조의 무덤에 대한 진위 여부가 논쟁의 중심에 있는 것은 명나라의 소설가 나관중이 《삼국지연의》에서 "조조는 72개의 거짓 무덤을 만들게 했다."라고 한 것에서 비롯된다. 실제로는 송대 이전까지는 조조 묘의 위치가 알려져 있었다고 한다. 기록에 따르면 조조는 "업성 서쪽에 능을 만들되, 봉분을 쌓거나 나무도 심지 말라."라고 유언하였다고 전하며, 조조의 아들 조비는 고릉에 세웠던 건물을 모두 허물었다고 한다. 645년 당 태종은 고구려를 정벌하기 전에 조조 묘를 방문하였으며, 송 태조는 역대 제왕의 묘 10개를 꼽아 보호하라고 명령하였는데 이때 조조의 고릉도 포함시켰다고 한다.

어쨌든 조조 묘의 진위 논란을 떠나서, 이는 현재 안양시에 막대한 관광 수입을 가져다주는 동력이 되었다. 낙후된 시골 마을에서 삼국지의 영웅, 조조의 묘가 황금알을 낳는 거위로 부상한 것이다. 조조고릉유적박물관이 개관한 지 한 달 만에 10만여 명이 이곳을 찾았다니 말이다.

· 조조 고릉으로 가는 길
· 박물관 입구에 있는 높이 15m의 조조 기마상. 마오쩌둥의 필체로 '위무휘편(魏武揮鞭)'이란 글자가 새겨져 있다.
· 묘실로 들어가는 길. 조성 당시의 토층을 살펴볼 수 있다.

묘는 신도, 전실, 주실 그리고 측실로 이루어져 있다. 박물관에는 조조 고릉에서 출토된 유물 488점이 전시되어 있다. 특히 조조의 무덤이라는 결정적인 증거가 된 '위무왕상소용격호대극(魏武王常所用挌虎大戟, 위무왕 조조가 즐겨 사용한 호랑이 사냥용 큰 창이라는 뜻이다)'이라는 문구가 새겨진 석패와 조조의 돌베개가 눈길을 끈다. 조조의 모든 업적을 다양한 연출 기법으로 전시해 놓았다.

· 누구나 자유롭게 관람할 수 있도록 개방한 묘실
· '위무왕상소용격호대극'이 새겨진 석패
· 묘에서 출토된 집 모양 토기. 도굴된 탓에 출토 유물은 그리 많지 않은 편이다.
· 조조의 출병 장면을 묘사한 영상물

2

시   안
중   국
고대 문물의
보   고

중국 시안[西安]은 산시성[陝西省]의 성도(省都)로, 중국 역사상 가장 화려하고 번성했던 역사 도시이다. 세계 4대 고도(古都) 중 하나로 꼽히며, 수많은 유적이 있어 중국 최고의 관광 도시로 유명하다.

역사 도시로서의 출발은 양사오문화[仰韶文化]의 중심지라는 반포(半坡) 유적에서 왕조의 도읍지로 이어진다. 이 도시가 세계사의 중심이 되기 시작한 것은 수 문제가 전국을 통일하면서 이곳을 장안(長安)이라 하고, 당 태종이 대명궁을, 현종이 홍경궁을 지어 인구 100만의 세계 최대 국제도시가 되면서부터다. 이 무렵 장안성은 실크로드의 출발 지점으로, 외국 상점들이 설치되고 무역하는 서역인들이 대거 들어와 동서 문화의 활발한 교류가 이루어졌던 곳이다.

그러나 당나라 말기 천우(天祐) 원년(904년)에 뤄양[洛陽(낙양)]으로 천도하기 위하여 장안성의 주요 건축물을 해체하고 그 재료를 뤄양으로 운반하면서 순식간에 폐허로 변하였다. 명나라 때 이르러 장안성에 살던 역대 황제의 자손들이 반란을 일으킬까 염려하여 서쪽 지방의 안정을 기원하는 뜻에서 '시안'이란 이름으로 변경하였다고 한다.

시안의 유적은 일일이 나열할 수 없을 정도로 많지만, 대표적으로 자은사(慈恩寺) 대안탑(大雁塔), 천복사(薦福寺) 소안탑(小雁塔), 대명궁, 홍경궁 등이 있다. 수·당 시대의 황제릉을 비롯한 무덤은 건릉, 소릉, 영태공주묘, 장회태자묘 등 줄잡아 2,200여 개 정도이며, 고대 문물들을 수집하여 모아 놓은 산시역사박물관, 비림(碑林)박물관은 최고의 박물관으로 알려져 있다.

시안 고성은 중국의 고성 가운데 오늘날까지 가장 온전한 모습으로 남아 있는 곳이다. 이 성곽은 명나라 홍무제 11년(1378년)에 완공된 것으로, 명대 성곽 중에서도 규모가 큰 편에 속한다. 전체 형태는 네모난 모양이며 성벽의 총 길이는 13.6km이고, 높이는 12m, 너비는 15m에 달한다.

성벽 위는 관광객을 태운 전기차가 지나다닐 수 있을 정도로 튼튼하고 넓어 많은 사람이 이 위를 걸으며 도시를 감상할 수 있다.

· 남문 주변의 성벽
· 사람들로 붐비는 성벽 위
· 성벽 위로 전기차가 지나다닐 정도이다.

고성의 남문 격인 영녕문(永寧門)을 중심으로 남쪽 도심에는 직선 도로인 주작대가(朱雀大街)가 뻗어 있다.

고성 안쪽에 새로 짓는 건축물의 고도는 성벽 높이보다 낮게 제한하고 있으며, 중국 전통 민가 건축 양식인 사합원(四合院) 구조의 가옥들이 잘 보존되어 있다. 이곳을 걸으면 마치 명나라 시대의 어느 거리에 와 있는 듯한 느낌이 든다.

· 시안 고성의 남문 격인 영녕문
· 물길을 조성하여 적의 침입을 막기 위해 파 놓은 해자
· 성문 밖 주작대가를 중심으로 도심이 펼쳐진다.

· 잘 정비된 성안 마을. 사합원 구조의 가옥들이 늘어서 있다.

시안 고성의 중심 사거리에는 종루를 세워 동서남북으로 통하도록 하였다. 처음 건립된 것은 명 태조 17년(1384년)으로, 처음에는 고루 옆에 세워졌으나, 명 신종 10년(1582년)에 도시 구조 변화에 따라 지금의 자리로 옮겼다고 한다. 시안 종루는 중국에 남아 있는 종루 가운데 가장 크고 잘 보존된 것으로 유명하다. 종루에 걸려 있던 종은 경운종(景云钟)이라 하는데, 현재는 비림박물관에 별도로 보관 중이며, 대신 복제품을 설치하여 타종 행사에 사용하고 있다.

· 시안 고성 중심 사거리의 종루(출처: 위키미디어 공용)

고루는 예로부터 저녁 시간에 북을 쳐 시간을 알리던 장소이다. 고루의 남쪽에 걸려 있는 현판에는 시안을 잘 표현해 주는 글귀인 '문부성지(文武盛地, 문과 무가 융성했던 땅이라는 뜻)'가, 북쪽의 현판에는 '성문우천(聲聞于天, 북소리가 하늘까지 울린다는 의미)'이 새겨져 있다. 두 현판의 글씨는 문화대혁명 때 훼손된 것을 2005년에 복원한 것이라 한다.

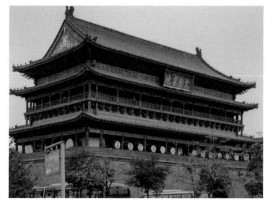

· 고루 3층에 걸린 '문무성지' 현판
 (출처: 위키미디어 공용)
· 저녁에 김싱하는 고루의 경관도
 일품이다.

고루 바로 뒤쪽 골목에는 마치 사극 세트장처럼 고풍스러운 건물들이 들어서 있는데, 이곳에는 회민(回民, 이슬람교도)이 모여 살고 있어 회민거리(회족거리)로 불린다. 거리 한편에는 중국 전통 건축 양식으로 지은 청진대사(清真大寺)라는 독특한 이슬람 사원이 있다. 겉보기에는 중국 사찰 같지만 내부는 정통 이슬람 예배소로 꾸며져 있어 흥미롭다.

이 지역은 당나라 시기에 실크로드를 따라 들어온 페르시아, 아랍계 상인, 군인, 사절단 등이 장안에 정착하면서 형성된 것으로 전해진다. 시안이 실크로드의 출발점이라는 역사적 배경 속에서, 회민거리는 과거와 현재를 잇는 문화 교류의 상징적인 장소로 자리 잡고 있다.

· 회민거리에서 다양한 먹거리를 파는 노점상들

· 이슬람 사원인 청진대사(출처: 위키미디어 공용)

비림의 시작은 당나라 말기 소종 대에 한건(韓建)이 장안성을 중건하면서 중요한 비석들이 흩어질 것을 우려하여 상서성 서쪽에 모아 놓은 것에서 비롯되었다. 이후 본격적으로 북송 철종 대(1087년)에 학자 여대충(呂大忠)이 당말오대(唐末五代)에 도성 밖으로 버려졌던 석경(石經)과 구양순(歐陽詢) 등이 쓴 명필 비석들을 경조부학(京兆府學) 북쪽에 모아두기 시작한 것을 명나라 만력 연간부터 비림이라 불렀다.

비림은 현재 중국 최대의 비석과 묘석을 보유하고 있으며, 중국 예술사의 필적이 살아 숨 쉬는 공간이 되었다. 본래 이곳은 공자의 문묘였던 곳으로, 입구에는 공묘(孔廟)의 조벽(照壁)과 연못이 있고, 주요 전시실들은 전통 사당 형식의 건축 구조로 구성되어 있다.

· 원래 공자를 모신 사당이었음을 알 수 있는 공묘 조벽
· 비림의 입구인 패방. 문묘(文廟)라고 적혀 있다.

패방을 지나면 '비림'이라고 적힌 현판이 걸린 누각형 건축물이 나온
다. 이 현판은 청나라 말기의 정치가 임칙서(林則徐)가 아편 전쟁에서
패전한 책임을 지고 신장[新疆]으로 유배를 가던 길에 쓴 것으로 유명하
다. 그런데 글자를 잘 살펴보면, '비(碑)' 자에서 '전(田)' 위에 삐침이 빠
져 있다. 이와 관련하여 몇 가지 설이 있는데, 농민을 누르고 있으면 안
된다고 하여 이렇게 썼다는 설이 있고, 임칙서가 다시 복귀할 때 시안
에 들러 완성하려고 남겨 두었으나 결국 이루지 못하였다는 설도 있다.
비림에서 먼저 마주하게 되는 것은 원래 시안 고성 종루에 걸려 있었던
경운종이다. 당 예종 대(711년)에 주조된 것으로 높이는 2.47m이고, 무
게는 6톤에 이른다고 한다. 종의 몸체에는 학, 용, 봉황, 이수, 만초, 비
천 등의 무늬가 새겨져 있다.

· 비림 현판이 있는 누각. 여기서부터 진정한 비림이다.
· 비림에 소장되어 있는 국가급 보물인 경운종

한편, 비림 한쪽에는 눈길을 끄는 대형 석조 조각상 대하석마(大夏石馬)가 있다. 이 석마는 흉노계 유민 출신의 혁련발발(赫連勃勃)이 세운 나라 대하(大夏)의 유물로, 중원 패권을 둘러싼 민족 간의 대립을 나타내는 상징물로 여겨진다.

한 무제 때 흉노 토벌에 큰 공을 세운 곽거병의 무덤 앞에는 한족이 흉노를 정벌했다는 의미가 담긴 마답흉노(馬踏匈奴)라는 석상이 세워졌다. 흉노 출신의 혁련발발은 대하를 건국하여 중원까지 차지하였고, 장안을 점령한 뒤, 마답흉노를 모방하여 그보다 더 크게 대하석마를 세워 흉노가 한족을 제압하였다는 상징성을 보여 주고자 했다는 해석이 제기된다. 역사의 반전이라 할 수 있겠다.

· 대하석마

비림에는 한나라 때부터 근대까지의 각종 비석과 묘석 3천여 점이 있는데 그중 1,800여 개의 비석을 7개의 실내 진열실과 8개의 비정(碑亭), 6개의 비랑(碑廊)에 전시해 놓고 있다. 별도의 석각예술실에는 한대부터 당대까지의 능에서 출토된 각종 석각 예술품 100여 점이 전시되어 있다. 석경을 비롯하여 구양순, 안진경(顔真卿) 등 중국 역대 명필들의 서체로 새겨진 비석들이 모여 있어, 서예사에 관해서는 세계 최고 수준의 비석박물관이라 할 수 있다.

한대부터 북송까지의 묘지명을 별도로 모아 놓은 곳도 있어 묘석의 변화를 한눈에 살펴볼 수 있다. 일부 건물을 수장고로 활용하고 있는데, 여기에 백제와 고구려 유민들의 묘석들이 함께 있다고 하나, 개방하지 않아 아쉬움이 크다.

· 각종 서체 예술품을 한데 모아 둔 공간
· 진귀한 석재 공예 작품이 전시된 공간

· 줄지어 늘어선 석주들

· 수많은 비석의 보고(寶庫)이다.
  (출처: 위키미디어 공용)

· 묘석을 비교해 보는 재미도
  쏠쏠하다.

소안탑은 당나라 중종 경룡 원년인 707년에 천복사 경내에 건립된 전탑이다. 장안성의 주작대가를 중심으로 서쪽에 위치한 당대의 안인 방(安仁坊) 영역에 있으며, 개화방(開化坊)에 있는 천복사 정문과는 일정 거리를 두고 마주 보고 있다.

소안탑은 이보다 남쪽에 있는 자은사의 대안탑과 쌍벽을 이루는 전탑 이다. 기단 바로 위의 1층 탑신은 높게 지어졌고, 2층부터 위로 갈수록 급격히 좁아져 전체적으로 아름다운 곡선미를 보여 준다.

소안탑은 명대에 두 차례의 지진으로 인해 상층부가 붕괴되고 균열이 생겼으나, 전하는 바에 따르면 신기하게도 그 균열이 자연스럽게 맞물 려 오늘날까지도 그 형태가 유지되고 있다고 한다.

· 잔잔한 호수에 소안탑의 그림자가 비친다.
· 소안탑 마당을 거닐면 마음이 차분해지는 느낌이다.

· 전체 높이에 비해 1층 탑신부가
  유독 높다.

· 1층 탑신부 입구

· 소안탑은 밀첨식 불탑의 전형이다.

대안탑이 있는 자은사는 전해 내려오는 이야기가 많은 곳이다. 옛날 당나라 수도 장안성의 남동쪽 진창방(晉昌坊)에 해당하는 지역에 자리 잡고 있다.

자은사는 당 태종 정관 22년(648년)에 당시 황태자였던 고종이 돌아가신 모후 문덕황후를 추모하기 위해 건립한 사찰이다. 현장법사가 인도에서 구해 온 불경을 번역했던 곳으로도 유명하다. 그가 가져온 경전과 불상을 수장하고자 대안탑을 짓기 시작하여 당 고종 3년(652년)에 5층 전탑으로 완성되었다. 이후 701년에 측천무후의 명으로 10층까지 증축되었으나 지진과 풍화로 일부 붕괴되어 현재는 7층 탑으로 남아 있으며, 탑의 높이는 약 64.5m이다.

· 시안의 랜드마크로 높이 솟은 대안탑
· 자은사 정문(출처: 위키미디어 공용)

대안탑 광장 남측에는 당나라 시대의 찬란했던 정치, 문화, 종교, 예술을 조각과 조형물로 묘사해 놓은 거리가 조성되어 있다. 이 거리를 '대당불야성(大唐不夜城)'이라 부르는데, 이름 그대로 밤에도 등불을 환히 밝혀 대낮처럼 밝은 곳이다. 이 거리에는 당 태종의 치세를 기리는 조형물을 비롯하여 이백, 두보, 백거이 등 당대 문호들의 동상과 조각상이 늘어서 있어 많은 이의 발길을 붙잡는다.

· 시안의 대표 야경으로 유명한 대당불야성 거리(출처: 위키미디어 공용)

대당부용원(大唐芙蓉園)은 당 현종의 별궁이 있었던 부용원 자리에 조성된 황실 테마파크이다. 전체 면적은 자그마치 661,157m^2에 이르며, 그중 약 3분의 1을 차지하는 호수인 부용호 둘레에 당대의 궁전을 재현하여 회랑으로 연결하고, 정원을 조화롭게 꾸며 놓았다.

매시간 펼쳐지는 수문병 교대식 이벤트나 정원을 거니는 귀족 복장의 사람들 모습을 보면 마치 당나라 시대에 와 있는 듯한 착각이 들 정도이다.

· 당대의 궁전 모습을 재현하여 회랑으로 연결하였다.
· 수문병 교대식 등 각종 이벤트를 볼 수 있다.
· 아름다운 대당부용원 야경(출처: 위키미디어 공용)

대명궁은 당 황제의 권위를 상징하는 핵심 공간으로, 중국 도성 제도의 정점을 보여 주는 곳이다. 당나라 수도 장안성에는 태극궁, 홍경궁, 대명궁 등 3대 궁전이 있었는데, 대명궁은 그중 가장 규모가 컸다. 당 태종 이세민은 현무문의 정변을 일으켜 권력을 장악한 뒤, 부친인 태상황 고조 이연을 위한 여름 궁전으로 대명궁을 조성하기 시작하였다. 이 궁전은 당 고종 때 완공되어 이후 황제의 정궁으로 사용되었으나, 당 애제 2년(904년)에 당의 수도가 뤄양으로 옮겨지면서 철저히 파괴된 이후 오랜 세월 폐허로 방치되었다.

2007년부터 대명궁 유적을 보호하고자 유적 내 거주민들을 이주시키고 대명궁 국가유적공원 건설사업을 실시하였다. 지하 유적은 발굴 후 원형 보존을 위하여 다시 흙으로 덮어 폐쇄하였고, 지상에는 기단과 구조물 표식을 통해 유적을 시각화하는 방법을 택하였다.

· 복원된 대명궁 단봉문
(출처: 위키미디어 공용)

대명궁의 정전(正殿)이자 가장 상징적인 함원전은 기단부까지 복원하여 광대한 정전의 규모를 가늠케 하였고, 인덕전 구역도 정비하여 대중에 개방하고 있다. 역사 문화 유적을 체험하고 보호 성과를 느낄 수 있도록 유적공원을 조성하여 도시 발전의 새로운 동력으로 삼고 있다.

· 당대 폐허로 변한 모습을 그대로 재현하였다.
· 흙으로 다져진 실제 건물 내벽
· 복원한 함원전 기단(출처: 위키미디어 공용)

화청지는 중국 최고의 왕실 원림이다. 고대부터 경치가 수려하고 질 좋은 온천수가 솟아 나와 역대 제왕들의 휴양지로 사랑받은 곳이다. 서주의 유왕이 이곳에 여궁(驪宮)을 지었고, 뒷날 진시황과 한 무제도 행궁을 건설하였다. 당 현종은 양귀비를 위해 더욱 화려한 궁전인 화청궁(華淸宮)을 지었고, 이때부터 화청지라 불리게 되었다. 화청지는 당 현종 말기 안사의 난으로 인해 거의 소실되었고 현재 30% 정도 복원된 상태라 한다.

· 당대의 건축 양식으로 재현해 놓은 화청지 정문
· 화려한 화청지에서의 나날을 표현한 조형물
· 입구로 들어서면 마주하게 되는 당의 정원, 화청지

당대의 목욕탕을 복원해 놓은 어탕유적박물관(御湯遺址博物館)에는 태자탕(太子湯), 상식탕(尙食湯), 성진탕(承珍湯), 연화탕(蓮花湯) 등이 있다. 특히 양귀비가 사용한 부용탕(芙蓉湯)은 '양비사욕지(楊妃賜浴地)'라고 불렸다. 욕탕 모양이 해당화 같아서 해당탕(海棠湯)이라고도 한다. 이 외에도 당시의 다양한 문물과 유물이 전시되어 있다.

· 당 현종의 전용 탕 연화탕
· 양귀비의 전용 탕 해당탕(출처: 위키미디어 공용)
· 당 태종의 전용 탕인 성진탕과 탕의 배수로
· 지금도 온천물이 나와 사용할 수 있다는 노천탕
· 온천수가 흘러나오는 수원

화청지 동문에는 궈모뤄[郭沫若]가 쓴 '화청지(華淸池)'라는 금자(金字) 편액이 걸려 있다. 동쪽 구역에는 하화각(荷花閣), 비하각(飛霞閣) 등의 전각이 자리하고 있으며, 1936년에 일어난 시안사건 당시 장제스[蔣介石]가 감금되었던 오간청(五間廳)도 이곳에 있다.

당나라 시인 백거이가 현종과 양귀비의 비극적인 사랑과 이별을 노래한 서사시 〈장한가(長恨歌)〉에도 화청지가 등장한다. "봄 추위에 화청지 목욕을 허락하시니, 온천물에 희고 매끄러운 피부를 씻는구나[春寒賜浴華淸池, 溫泉水滑洗凝脂]."라며 양귀비가 목욕한 후의 아름다운 모습을 생동감 있게 표현하였다. 그 모습을 형상화한 양귀비 조각상을 화청지 내에서 만날 수 있다.

· 절세미인 양귀비의 전신상(출처: 위키미디어 공용)

진시황 병마용 박물관에 가면 불멸의 생을 꿈꿨던 진시황이 자신의 사후 세계를 지키게 할 목적으로 제작한 어마어마한 규모의 병마용을 볼 수 있다. 병마용이란 흙으로 빚어 구워 만든 병사와 말의 모형을 뜻한다. 진시황릉에서 약 1.5㎞ 떨어진 지점에서 발견된 이 병마용은 엄청난 규모와 정교함을 갖추고 있어 세계 8대 불가사의 중 하나로 꼽히기도 한다.

병마용은 1974년, 시안 근교에서 한 농부가 우물을 파다가 우연히 발견하여 발굴이 이루어지면서 세상에 그 모습을 드러냈다. 지금까지 총 7개의 병마용갱이 발견되었으나 1, 2, 3호갱만 일반에 공개되어 있다. 1호갱은 길이 230m, 폭 62m의 규모를 자랑하며, 약 6천 점의 장군과 병사 모형이 실제 전투 대형으로 배열되어 있고, 전차 40대가 함께 발굴되었다. 2호갱은 보병과 기병, 궁노수 등으로 구성되어 있으며, 3호갱의 병사들은 지휘부로 추정된다. 현재까지도 현장에서 발굴 조사가 진행 중인 모습을 볼 수 있다.

병마용 박물관은 시안에서 가장 인기 있는 관광지 중 하나로, 상업적 성격이 강하다. 박물관 주차장에서 본관으로 가려면 반드시 기념품 상점을 통과해야 하는 구조로 되어 있다.

· 진시황 병마용 박물관은 늘 사람으로 붐빈다.
· 여전히 조사와 복원이 진행되고 있는 현장

병마용갱에는 황제의 정예 군단이 군대 규율에 따라 군사 대형을 갖추고 마치 출정식을 기다리는 듯한 광경을 표현해 두었다. 원래 이 병마용들은 진흙으로 빚어 구운 다음 광물성 안료로 밝게 채색하였는데 발굴 과정에서 공기에 노출되며 채색이 사라졌다고 한다. 병사들은 실제 인물을 모델로 한 것처럼 저마다 다른 표정과 얼굴 특징이 잘 살아 있으며, 심지어 손바닥에는 손금까지 섬세하게 표현되어 있다. 창, 검, 쇠뇌 등 갖가지 무기를 비롯해 농기구, 청동 재갈, 비단, 갑옷 등 다양한 실물 크기의 소품들이 함께 배치되어 있다.

· 1호갱에 늘어선 병사들 모습

· 병사들의 다양한 머리 모양

· 발굴 당시 채색된 도용의 모습(출처: 위키미디어
  공용)

· 진시황의 순행 마차를 실제의 절반 크기로 재현한
  청동 마차(출처: 위키미디어 공용)

· 기병을 위한 말의 배치

· 3호갱의 모습. 1, 2호갱의 병마를 통솔하는
  지휘부로 보인다.

한편 병마용 중 일부가 불에 탄 후 함몰되었거나 대규모로 훼손된 흔적도 남아 있다. 이와 관련해 병마용을 파괴하거나 약탈했을 가능성이 있는 역사적인 인물로는 서초패왕 항우, 오호십육국 시대 후조의 석호, 당나라 말기의 황소 등이 거론된다. 특히 전해지는 설에 따르면, 진나라를 점령한 항우는 진시황릉을 습격해 병마용을 발견하고는 30만 명의 병력을 내부로 들여보내 30일간 재물을 옮겼으나, 끝내 모두 가져가지 못하여 불을 지르고 무기를 수거해 갔다는 이야기도 있다.

현재까지도 병마용 발굴 작업이 계속 진행되고 있는데, 지하의 도용이 지상으로 노출되면 빠르게 변색되기 때문에 보존을 위한 종합적인 대책을 강구하고 있다. 전문가들은 현재 공개된 병마용 도용들은 100년 안에 부식되어 허물어질 수 있다는 우려를 제기하고 있으며, 이를 막기 위한 노력이 이루어지고 있다.

· 누군가에 의해 훼손된 도용
· 발견된 진나라의 갑옷

한양릉(漢陽陵)은 한나라 6대 황제인 경제(景帝)와 그 황후 왕씨의 합장릉으로, 경제 4년(기원전 153년)에 착공하여 약 28년에 걸쳐 완성되었다. 경제가 등극한 지 12년 만에 죽자, 그 아들 무제(武帝) 유철(劉徹)이 이어서 완공하였다. 한양릉에서는 현재까지 190여 개의 부장갱이 발굴되었다.

· 서한제릉(西汉帝陵) 양릉(阳陵) 표지석.
  뒤에 구릉 같은 곳이 능묘이다.
· 한양릉 유적공원으로 잘 꾸며 놓았다.

능묘는 주변 경관과 조화를 이루도록 원상 유지 방식으로 정비되었다. 유적 현장에는 두 개의 진시관이 세워졌는데, 1999년에 개관한 한양릉고고진열관(漢陽陵考古陳列館)과 2006년에 개관한 한양릉제릉외장갱보호전시청(漢陽陵帝陵外藏坑保護展示廳)이다. 한양릉고고진열관은 반지하식 구조로 건립되었고, 한양릉 부장갱과 부속 시설에서 출토된 유물들이 전시되어 있다. 한양릉제릉외장갱보호전시청은 중국 최초의 현대식 지하 유적박물관으로 꾸며져 대중에 개방되었다.

· 한양릉제릉외장갱보호전시청
· 외장갱이 전시된 지하로 들어가는 입구

유적 보호를 위해 유적의 외부는 구조물로 덮었고, 내부는 과학적인 보존 기술과 현대식 건축 개념을 결합한 보호 시설로 설계되었다. 특허를 받은 선진 유물 보호 기술을 바탕으로 유리 벽과 유리 통로를 설치하여 유물 전시 공간과 관람객의 동선을 분리하고, 적정 온도와 습도를 유지하며 최상의 보존 및 관람 환경을 제공하고 있다. 유리로 된 회랑을 통해 유적을 보호하면서도 가까이에서 유물을 감상할 수 있다.

· 황릉과 부장갱의 배치를 보여
  주는 모형
· 황제의 행렬을 재현한 모습

이곳에서 출토된 도용들은 도자기로 만들어졌으며, 팔은 따로 나무로 제작하여 몸통에 결합한 형태였으나, 세월이 지나 나무로 된 팔 부위만 썩어 없어져 팔이 없는 모습으로 발견되었다. 원래 이 도용들은 실크, 면, 마, 피혁 등 다양한 재질의 옷을 입고 있었으나, 이 역시 시간이 흐르면서 썩어 없어져 나체 상태의 도용으로 발굴되었다. 한양릉의 도용들은 온화하고 즐거운 표정을 띤 것이 특징인데, 이는 한 경제 시대의 안정된 사회와 비교적 풍족했던 생활이 반영된 것이라 할 수 있다.

· 도용들은 60㎝ 정도로 작고 소박하게 만들어졌다. 팔이 없어서 약간 괴기스럽기도 하다.
· 편안한 표정의 도용들(출처: 위키미디어 공용)
· 돼지, 소, 닭 등 동물 모양도 있다.
· 빼곡하게 세워진 도용들

건릉(乾陵)은 당 왕조의 세 번째 황제인 고종과 중국 역사상 유일한 여성 황제인 측천무후가 합장된 능묘이다. 능은 해발 약 1,000m의 거대한 양산(梁山) 언덕에 조성되었다. 산 자체를 봉분으로 삼은 독특한 방식으로, 규모와 위용 모두 당 왕조의 황릉 중에서 가장 뛰어난 것으로 평가되며, 당 황릉 중 유일하게 도굴되지 않은 능으로도 유명하다. 능묘의 진입부에는 원래 담장과 궐대가 있었으나 지금은 궐대만이 남아 당시의 위엄을 전하고 있다.

· 당 고종과 측천무후가 잠들어 있는 건릉의 입구
· 위엄이 느껴지는 궐대(출처: 위키미디어 공용)
· 능묘까지 이어지는 1㎞ 남짓한 신도

신도(神道) 양옆에는 무덤을 지키는 사람과 동물 등의 석상이 배열되어 있다. 신도의 끝 동쪽에는 비석에 글자가 없는 무자비(無字碑)가 세워져 있다. 측천무후가 자신의 공적은 이 비에 다 새기지 못할 정도로 많으니, 아무것도 적지 말라고 했다는 이야기가 전한다. 서쪽에는 당 고종의 업적을 새긴 술성기비(述聖記碑)가 있다. 건릉 앞에는 당나라와 외교 관계를 맺은 61개국 사신들의 석상이 줄지어 서 있다. 동쪽에 29기, 서쪽에 32기가 배치되어 있는데 모두 목이 없는 모습이다.

· 신도에 도열한 석인상
· 측천무후의 무자비
· 당 황제의 위대함을 과시하고자 세운 61개국 사신들의 석인상
· 사자상

아스카

천 황 이
다 진
터 전

일본의 아스카는 우리나라의 부여와 너무나 닮았다. 고즈넉한 시골 농가 풍경이 펼쳐지고 옛 고도의 궁궐터, 불교 사원과 신사, 고분 등 고대 문화유산을 간직하고 있는 점에서 그렇다.

아스카는 스이코 천황[推古天皇] 원년, 즉 593년부터 헤이조쿄로 천도한 710년까지 황궁이 있었던 곳이다. 1972년 다카마쓰총[高松塚]이 발견된 이후 가메가타세키조우부쯔[龜形石造物, 거북 모양 석조물] 등 유적이 잇따라 발견되면서 일본의 대표적인 고대 역사 도시로 위상이 높아졌다.

아스카는 도시와 자연을 관리하는 일반 법률보다 상위법으로 역사적 풍토를 보존하고 주민의 생활 안정을 도모하는 '아스카 특별조치법'을 제정하여 관리되고 있다. 말하자면 아스카법은 정비 기금을 마련하여 문화재 보존, 주민 삶의 질 향상, 역사적 경관 관리를 목적으로 하는 '통째로 박물관'의 완성을 목표로 한다. 즉, 마을의 문화재를 비롯한 역사 자원과 농지를 포함한 자연 자원 등을 창조적으로 활용하여 마을 전체를 관광객에게 감동을 주는 무대로 활용한다는 것이다. 이 '마을 만들기'는 아스카의 '꿈의 사업'이라 불린다.

초기에 아스카는 문화재 보존을 위한 엄격한 규제에 따른 지가 하락, 고령화로 인한 농촌 경제의 침체 등으로 주민들의 불만이 컸다. 그러나 특별조치법이 시행된 지 30년이 지난 지금은 마을 경관 보존과 주거 환경 개선, 특산물 생산과 관광 활성화 등으로 현실적인 문제가 개선되면서 이전에 경험하지 못했던 변화를 이루고 있다.

현재 아스카는 아스카 펜 만들기, 아스카 브랜드 등의 체험 관광으로 인기를 끌면서 일본에서 가장 사랑받는 농촌 마을로 거듭나고 있다.

아스카데라[飛鳥寺]는 일본에서 가장 오래된 사찰로, 백제가 전한 불교 및 사찰 건립 기술이 반영된 곳이다. 백제 성왕 30년(552년)에 금동석가여래상 1구와 불교 경전을 일본에 처음 전해 주었고, 위덕왕 35년(588년)에 승려와 사찰 건축 기술자, 불상 조각 전문가 등을 파견하여 596년에 비로소 아스카데라가 창건되었다. 이 절은 당시 일본의 절대 권력자인 소가씨(蘇我氏)가 씨사(氏寺, 씨족 사찰)로 건립한 것이었다. 창건 당시 아스카의 경관이 바뀔 만큼 대규모의 사찰이었다는데, 이후 화재로 인해 절 대부분이 소실되었고 지금은 19세기에 재건된 금당만 남아 있다. 금당 한편의 진열대에는 백제와당과 닮은 수막새가 놓여 있고, 보수를 거친 근엄한 표정의 아스카 대불이 안치되어 있다.

· 아스카데라 산문(山門)

· 아스카데라 안의 작은 정원
· 금당에 안치된 금동불상 아스카 대불
· 아스카데라 금당

아스카데라 마당에 놓여 있는 심초석(心礎石)은 백제 천왕사지의 심초석과 매우 흡사하다. 자연석을 놓고 가운데에 원형 구멍을 뚫어 사리장치를 봉안하고, 그 위에 나무 기둥(목주)을 세워 목탑을 지탱하도록 고안한 핵심 기반 시설이다.

마당 곳곳에 놓인 초석들 역시 백제에서 건너온 기술자들이 만든 듯, 한국 부여에서도 볼 수 있는 것들이어서 반갑기도 하다.

· 아스카데라 목탑의 심초석

· 여전히 아스카 시대의 옛 흔적을 찾는 일에 바쁘다.
· 절 앞마당에 가지런히 놓인 초석
· 아스카데라 서문 밖에 있는 소가노 이루카(아스카데라를 창건한 소가노 우마코의 손자)의 머리 무덤
· 아스카데라 서문터에 놓인 안내판. 지금보다 훨씬 규모가 큰 절이었음을 알 수 있다.

아스카는 통째로 박물관이다. 백제 사비 시대와 비슷한
시기인 592년에 스이코 천황이 즉위하면서 아스카 시대의 막이 열렸
다. 당시 일본(왜)은 궁전이 소실되거나 천황이 새로 즉위하면 수도와
궁성을 옮기는 관습이 있어 수차례 궁전을 옮겼다고 한다. 이 시기를 전
후하여 궁성뿐 아니라 관청, 도로 구획, 사찰 등을 함께 정비하였다.

· 아스카 궁전의 원지
· 궁전의 우물터
· 건축물이 있던 자리에 심긴 수목
· 세계유산 등재를 앞둔 아스카 궁전터

아스카데라 북서쪽에 있는 수락 유적(水落遺跡)은 일본에서 가장 오래된 물시계 유적으로, 7세기 중엽의 과학기술 수준을 보여 준다. 기단 안에 사방이 4칸인 건물로, 겉으로 보기에는 일반적인 굴립주(掘立柱, 땅속에 박아 세운 기둥) 양식의 건축물로 보이지만, 실제로는 지하에 초석을 놓고 목주를 세우고 다시 건물 바닥을 설치하는 특수 기법으로 세워진 구조이다. 건물 중앙에는 받침돌 위에 옻나무 상자를 놓고, 동쪽에서 흘러오는 물을 나무통과 구리판을 통하여 급수하여 시간을 측정할 수 있도록 설계되었다. 이 물시계는 훗날 덴지 천황[天智天皇]으로 즉위하는 나카노오에 황자[中大兄皇子]가 세웠다고 전해진다.

· 수락 유적 전경
· 복원해 놓은 물시계

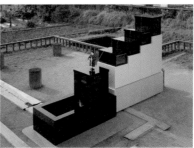

히노쿠마데라[檜隈寺] 유적은 아스카 시대의 와적기단(기와를 층층이 쌓아 만든 기단) 유적 위에 헤이안 시대에 세워진 것으로 추정되는 13층 석탑이 있는 곳이다. 이곳에서 백제식 와적기단이 확인되어 백제인과 깊은 관계가 있는 사찰로 알려져 있다. 이곳의 오미아시 신사[於美阿志神社]는 방직, 토목, 수리 기술 발전에 기여한 백제계 도래인(渡來人)의 씨족을 기리는 신사이다.

· 발굴된 와적기단 유적
· 출토된 기와들
· 멀리 보이는 13층 석탑

한편 아스카 곳곳에서는 특이한 석재 조형물들이 발견되었다. 가메가타세키조우부쯔는 거북 모양의 석조물이다. 물이 나무통을 따라 흘러 배 모양의 석조 수조에 모였다가 다시 더 작은 구멍으로 흘러나와 거북의 코로 들어가 등 모양의 수조에 모이도록 설계되어 있다.

사카후네이시[酒船石] 유적은 아스카 일대가 내려다보이는 구릉의 정상부에 있다. 자연석 상면에 여러 갈래로 홈을 파 물이 흐르도록 만들었는데, 술을 담글 때 사용했던 것으로 보인다.

이시가미[石神] 유적에서 발견된 수미산(須彌山) 석상은 왕궁 정원에 설치되었던 분수 시설로 추정된다. 불교의 세계관을 상징하는 수미산이 조각되어 있으며, 사이메이 천황 시대에 백제의 정원사 노자공(路子工)이 제작했다는 기록이 전한다. 현재는 3단 구조로 남아 있으나, 원래는 중단과 하단 사이에도 돌이 있었던 것으로 보인다.

· 가메가타세키조우부쯔
· 사카후네이시
· 수미산 석상

이시부타이[石舞臺] 고분은 아스카를 방문하는 이들이 반드시 들르는 곳일 만큼 상징적 의미가 크다. 이 고분은 1933년에 발굴되었으나 이미 내부는 모두 도굴된 상태였다. 땅을 직사각형으로 파낸 후 무덤을 설치한 횡혈식 석실분 형태로, 전체 길이가 무려 19m이다. 30여 개의 거대한 자연석을 사용하여 축조하였는데, 총 석재 무게만도 2,300톤 정도에 이른다고 한다. 이러한 압도적인 규모로 미루어 보아 당시 권력자였던 소가노 우마코[蘇我馬子]의 무덤으로 추정된다.

· 거대한 천정석의 무게만 77톤이다.

· 전면에서 본 이시부타이 고분

· 석실 내부 모습

기토라(キトラ) 고분은 1983년에 발견된 벽화 고분으로, 일본에서 가장 오래된 천문도와 사신도가 그려져 있다. 횡구식 석곽분 구조로, 비교적 작은 규모의 고분이다. 내부 판석에 회를 바른 뒤 그 위에 북두칠성과 300여 개의 별자리를 묘사한 천문도와 사신도(청룡, 백호, 주작, 현무)를 정교하게 그려 놓았다.

· 기토라 고분
· 고분 내부 모습
· 백호도
· 현무도

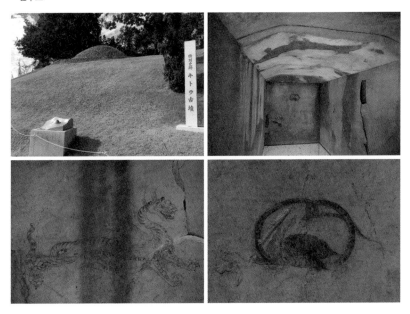

겐고시즈카[牽牛子塚] 고분은 1923년에 처음 조사가 이루어진 고분으로, 천황이나 왕족급 인물에게만 허용되던 형태의 팔각형 고분이다. 응회암을 깎아 2개의 석실을 만들어 두 사람을 나란히 매장할 수 있도록 조성되었다. 사이메이 천황과 그 가족의 무덤일 가능성이 있다고 한다.

· 복원된 겐고시즈카 고분. 3단의 팔각 형태이다.
· 석실이 2개로 분리된 내부
· 봉분 조사 시 드러난 구조

아스카 마을 꿈의 사업은 거창한 토목공사나 건축공사가 아니다. 신선한 채소를 생산하여 작은 직판장에서 판매하는 일, 안내판과 휴게 시설 등을 정비하여 마을 경관을 가꾸는 소소한 일들을 지속적으로 행하여 아름다운 삶의 환경을 만들어 나가는 일이다.

아스카는 처음부터 큰 기대를 품고 찾아가는 여행지는 아니다. 정작 아스카를 떠날 무렵에 마음이 풍성해지는 여행지다. 고대의 낭만을 간직한 아스카는 '태어나서 좋고, 살아서 좋고, 와 봐서 좋은' 그런 곳이다.

아스카 마을은 정겹다. 아름다운 마을 풍경 속에서 주민들의 꿈과 마을에 대한 애정이 고스란히 느껴지기 때문이다. 역사적 풍토가 잘 보존된 아스카는 일본인들이 마음의 안식처로 삼을 만한 곳이다.

· 평온한 아스카 마을의 들판
· 아스카에서 생산된 상품을 직거래하는 직판장

세계 옛 도시를 걷다

4

톨레도

이 베 리 아
왕 조 의
중심에 서다

16세기까지 스페인의 수도였던 톨레도는 마드리드에서 남서쪽으로 70㎞ 정도 떨어져 있다. 톨레도는 삼면이 타호강(타구스강)으로 둘러싸이고 암석 지형을 갖추고 있어, 로마의 역사가 리비우스는 이곳을 "작지만 천연 요새로 이루어진 도시"라고 표현하였다.

기원전 193년 로마가 이곳을 정복한 후 '톨레툼'이란 이름으로 식민지가 건설되었고, 6세기에는 서고트 왕국의 왕궁이 들어섰다. 이후 8세기에 무어인(이슬람교도)이 서고트 왕국을 멸망시키고 이베리아반도를 점령하면서 톨레도 역시 이슬람 세력권에 속하게 되었다. 이때의 톨레도는 '툴레이툴라'라고 불렸다. 1085년 알폰소 6세가 톨레도를 점령하며 다시 기독교 세력으로 편입되었고 카스티야 왕국의 정치, 사회적 중심지로 자리 잡게 된다. 그러나 1561년 펠리페 2세가 수도를 마드리드로 옮기면서 그 지위를 잃게 되었다.

여러 세력의 지배를 받은 톨레도는 그리스도교, 아랍, 유대 문화가 융합된 도시로 발전하였다. 고딕 양식의 성당, 이슬람 양식의 왕궁과 성벽, 유대 교회가 함께 도시를 구성하고 있다.

톨레도에서는 고대부터 품질 좋은 강철이 생산되었다. 이 강철로 만들어진 '톨레도의 검'은 최고의 명품으로 유명했으며, 톨레도는 십자군 전쟁 당시 무기 공급처가 되었다고 한다. 이와 함께 섬유와 도자기 산업이 발달했다.

톨레도는 유럽에서 가장 모범적으로 고도(古都)를 보존하고 있는 대표적인 곳이다. 왕의 칙령으로 콘소르시오(consorcio)를 조직하여 국왕을 명예 대표로 하고 수상을 비롯한 의원, 학자, 주교단, 시청, 건설회사 등이 참여하도록 하였다. 지금의 톨레도는 스페인의 고도로서 주민들의 삶의 질을 개선하기 위한 사회 기반 시설을 확충하고, 관광 효과를 극대화하고자 각종 사업을 펼치며 새로운 변화를 시도하고 있다.

톨레도 구시가지로 들어가려면 타호강을 가로지르는 알칸타라 다리나 산 마르틴 다리 같은 고대 다리를 지나야 한다. 이 도시는 경사면이 가파른 암석 지대에 형성되었고, 울퉁불퉁한 지형은 건축물 배치와 도시 구조에도 영향을 주었다. 시가지 중심부에는 스페인에서 두 번째로 큰 규모를 자랑하는 톨레도 대성당, 16세기에 궁전으로 사용했던 공간 알카사르에 들어선 군사박물관, 산토 토메 교회 등이 있다. 성곽은 타호강을 따라 언덕 위 자연 지형을 최대한 활용하여 축성되었다.

· 톨레도를 둘러싸고 흐르는 타호강

· 톨레도 전망대에서 바라본
  구시가지
· 언덕 위에 자리한 건축물은
  카를로스 1세 때 군사 방어
  목적과 왕궁으로 지은 요새
  알카사르이다. 현재는
  군사박물관으로 활용되고 있다.

· 멀리 우뚝 서 있는 건물이
  톨레도 대성당이다.

· 중세의 성벽과 정문 그리고
  알칸타라 다리
  (출처: 위키미디어 공용)

· 강가 언덕 지형을 활용하여
  축성한 성벽

톨레도 대성당은 이 도시의 랜드마크라 할 수 있다. 대체로 고딕 양식이 지배적이지만, 오랜 세월을 거치면서 무어(이슬람) 양식을 비롯하여 다양한 문화의 건축 양식이 혼합되었다. 서고트 왕국 시절 교회가 있던 자리에 무어인이 모스크를 세웠다. 1085년 카스티야의 왕 알폰소 6세가 톨레도를 정복한 이후 다시 성당으로 활용되다가 1226년 페르난도 3세에 의해 대성당이 건설되기 시작하여 1493년에 완공되었다. 건물 규모는 길이 113m, 너비 57m, 높이 45m이며 왼쪽 첨탑에는 무게가 17.5톤에 달하는 엄청난 크기의 대형 종이 설치되어 있다. 기존 건축물을 활용한 회랑에는 무어 양식의 장식 요소가 남아 있고, 세 곳의 중앙 현관은 전형적인 고딕 양식으로 되어 있다. 건물 외부는 수많은 조각으로 장식하였다.

· 프랑스의 영향을 받아 고딕 양식으로 지어진 톨레도 대성당
· 수많은 조각과 장식으로 꾸며진 아치형 문

· 무어 양식의 회랑과 스테인드
　글라스(출처: 위키미디어 공용)

· 천장에 만들어 놓은 채광창으로
　햇빛이 들어와 더욱 성스러운
　분위기를 자아낸다.

· 17세기 이탈리아 화가 루카
　조르다노가 그린 프레스코화

톨레도 대성당에서 특히 유명한 것은 '엘 트란스파렌테(El Transparente)'라는 바로크 양식의 제단 장식이다. 천장에 뚫린 창으로 쏟아지는 자연광과 정교한 조각이 어우러져 환상적인 장면을 연출한다. 또한 성체성혈 대축일의 거리행렬에 사용되는 휘황찬란한 성체현시대를 비롯해 엘 그레코(El Greco)의 그림 〈엘 에스폴리오(El Espolio, 옷이 벗겨지는 그리스도)〉, 아기 예수를 안고 있는 성모상, 13세기 프랑스 왕실이 제작한 그림 성경, 추기경들의 초상화 등 눈길을 사로잡는 작품들이 가득하다.

· 화려함과 정교함이 극치를 이룬 성가대실
· 바로크 양식의 파이프 오르간과 대리석 조각
· 엘 그레코의 작품 <엘 에스폴리오>(출처: 위키미디어 공용)
· 무어 양식으로 장식된 천장

· 나르시소 토메가 완성한 제단 장식 '엘 트란스파렌테'(출처: 위키미디어 공용)
· 독일 작가 엔리케 아르페가 제작한 성체현시대
· 아기 예수를 안고 있는 성 크리스토퍼 벽화
· 양피지로 만들어진 양장본 그림 성경책

헤라클레스 동굴은 톨레도의 산 히네스 교회가 있던 자리에서 발굴된 고대 로마 시대의 지하 유적이다. 헤라클레스 동굴은 1세기 후반에 건설된 것으로 추정되며, 타호강을 가로지르는 수로에서 공급된 물을 저장하는 대형 물탱크로 사용되었던 것으로 보인다. 로마의 건축 양식을 볼 수 있는 역사적 장소로, 로마식 콘크리트와 수밀성 모르타르(오푸스 시그니눔)로 내부가 마감되어 있으며 아치형 천장이 특징적이다.

· 헤라클레스 동굴 입구. 벽면에 고대의 자재들이 그대로 남아 있다.
· 기존 건축물과 유적 보호를 위해 세운 철골 지지대

· 로마 시대의 지하 구조물 유적을 관람할 수 있다.

산토 토메 교회는 톨레도 구시가지 골목길을 따라 북쪽으로 가다 보면 막다른 곳에서 만날 수 있다. 이 자그마한 교회는 세계 3대 성화(聖畫)로 꼽히는 엘 그레코의 〈오르가스 백작의 매장(El entierro del Conde de Orgaz)〉이란 그림이 소장되어 있어 유명해진 곳이다. 오르가스 백작은 신앙심이 매우 깊었던 인물로, 교회에 요즘 말로 통 큰 기부를 많이 하였으며, 1323년에 죽음을 맞았다고 한다.

· 산토 토메 교회 입구
· 엘 그레코의 그림 <오르가스 백작의 매장>

이 그림의 주문자는 산토 토메 교회의 교구 목사인 안드레 누녜스이며, 엘 그레코가 1586년부터 1588년까지 그림을 완성하였다. 하단에는 오르가스 백작의 장례가 거행되는 현실 세계를 그렸고, 상단에는 백작의 영혼이 천상으로 올라가 심판을 받는 영적인 세계를 그렸다. 엘 그레코는 이 그림에 자기 아들인 호르헤 마뉴엘을 그려 넣었고(하단 왼쪽에 있는 어린 소년) 그의 주머니에 있는 손수건에는 아들의 출생 연도인 1578년과 화가의 사인을 표시하였다. 엘 그레코 자신도 그림 속에 그려 넣었으며, 스페인의 왕 펠리페 2세는 당시 살아 있었음에도 천상 세계에 그려 넣은 점이 주목된다.

톨레도 구시가지의 기념품 상점들은 장인들이 수공으로 만든 것, 견습생이 제작한 것, 기계로 만든 것을 구분하여 전시, 판매하고 있다. 이로써 구매자는 제품을 신뢰하고 자유롭게 선택할 수 있다. 특히 장인들이 각자의 공방에서 정성껏 만들어 낸 작품들은 특별한 여행 기념품으로 손색이 없다.

· 축제가 한창인 구시가지 골목이 인파로 북적인다.
· 구시가지의 기념품 상점
· 톨레도의 검
· 다양한 기념품

톨레도는 옛 도시 풍경을 온전히 즐길 수 있도록 출입하는 관광객 수를 조절하고 있으며, 문화유산 보전을 위한 다양한 규제 정책도 시행하고 있다. 주거 환경 개선 역시 문화재 보호 기준에 따라 이루어지며, 구시가지 내 유적 발굴과 복원 비용은 전액 국가가 부담한다. 일정 조건을 충족한 경우 정부가 건물의 임차료를 대신 지급하고, 30년이 지나면 소유권을 개인에게 반환하는 제도도 마련되어 있다고 한다.

· 소코트렌 꼬마열차를 타고 구시가지 전역을 한 바퀴 돌아볼 수 있다.
· 톨레도 시청사
· 예스러운 주택의 출입문들 형태가 각기 달라 개성이 있다.

5

페 스
생 존 을
위 한
골 목

페스는 모로코 북부에 위치한 오랜 역사를 지닌 옛 도시이다. 모로코는 북서부 아프리카의 중심 국가로, 지중해와 대서양이 만나는 지점에 있어 유럽 세계와의 교류가 활발하게 이루어져 왔다. 오랜 세월 이슬람 세력의 영향을 받아 국교는 이슬람교이며, 공식 언어는 아랍어와 베르베르어이다. 모로코 국민은 베르베르인과 아랍인 그리고 이들의 혼혈로 구성되어 있다. 전통적으로 이슬람 문화의 영향을 받아 사회 전반적으로 문화와 예술이 일상화되어 있다.

페스의 초기 역사에서 중요한 역할을 한 것은 북아프리카 원주민인 베르베르인들이다. 7세기 말부터 이슬람 세력이 북아프리카에 진출하면서 이 지역에도 이슬람이 확산되기 시작하였고, 788년에는 아랍 출신 이드리스 1세가 페스 인근에 이드리스 왕조를 세웠다. 이후 이드리스 2세가 페스를 건설하여 왕국의 수도로 삼았고, 페스는 11세기 초까지 이드리스 왕조의 중심지로 번성하였다. 이후 알모라비드 왕조가 잠시 페스를 장악한 뒤, 13세기 초부터는 메리니드 왕조가 약 3세기 동안 페스를 다스렸다. 이 시기에 다수의 모스크와 학교, 시장이 세워졌으며 한때 페스에는 무려 785개의 모스크가 있었다고 한다. 사회, 경제, 문화, 종교가 서로 영향을 주어 도시가 가장 발전한 전성기였다.

16세기 중반에 이르러 두 번째 아랍계 왕조인 사아드 왕조가 들어서게 된다. 이후 모로코는 유럽 열강들의 각축장이 되면서 스페인과 프랑스의 지배를 받다가 1956년 독립을 이루었다.

페스의 구시가지, 즉 메디나는 산지로 둘러싸인 계곡에 자리 잡고 있으며, 모스크를 중심으로 주거지, 상점, 공방, 시장 등이 뒤엉켜 복잡한 도시 구조를 이루고 있다. 메디나에는 9천여 개의 좁은 골목이 미로처럼 얽혀 있으며, 이 지역에만 약 25만 명의 주민이 생활하고 있다.

오늘날 페스는 중세 이슬람 문명의 정수를 간직한 채 깊은 인상을 남기고 있다.

페스의 메디나는 9세기경부터 조성된 세계에서 가장 오래된 메디나 중 하나로, 페스를 상징하는 대표적인 공간이다. 유네스코 세계문화유산으로 지정된 이 구시가지는 어느 방향에서 바라봐도 오랜 중세의 정취가 물씬 느껴지는 도시로, 그 아름다움과 이색적인 경관 덕분에 영화 속 배경으로도 자주 등장한다. 고층 아파트로 채워지다시피 한 한국의 도시와는 완전히 다른 풍경이 펼쳐진다.

· 산기슭에 펼쳐진 페스 메디나

메디나는 모로코 최초의 이슬람 왕조인 이드리스 왕조의 수도였던 페스의 옛 모습을 고스란히 간직하고 있다. 과거의 궁전과 성벽, 고풍스러운 건물들이 그대로 남아 있고, 사람들은 여전히 전통 방식으로 생활하고 있다. 특히 가죽 염색장 같은 전통 산업이 지금도 활발히 운영되고 있다. 이곳에 발을 들이면 마치 과거로 시간 여행을 떠나온 듯한 느낌을 받게 된다.

· 메디나 외곽에 있는 성채
· 메디나로 들어가는 입구 '블루 게이트'
· 페스 왕궁 정문
· 왕궁 내 분수

메디나에 미로처럼 얽혀 있는 가파르고 좁은 골목은 두 사람이 겨우 지나갈 정도이며, 자동차 대신 당나귀가 주요 운반 수단으로 이용된다. 바쁘게 오가는 사람들 사이로 기웃거리다 보면 귀를 울리는 망치 소리가 들려온다. 이 소리를 따라가다 보면 금과 은, 구리로 액세서리를 만드는 장인들을 만날 수 있다. 골목마다 주택과 상점, 공방이 즐비하다.

· 상점이 늘어선 골목이 사람들로 가득하다.
· 페스는 은입사 공예가 유명하다.
· 다양한 구리 제품을 파는 상점
· 골목의 오래된 목조 주택들
· 낙타 머리를 통째로 파는 정육점
· 둥글고 납작한 빵 코브즈
· 좁고 복잡한 골목길에서 당나귀는 중요한 운송 수단이다.

알 카라위인 대학은 859년에 설립된 세계에서 가장 오래된 현존 대학이다. 이슬람의 고등 교육기관인 마드라사로 출발하여, 이후 법학, 신학, 철학, 천문학, 역사학 등 다양한 분야에서 두각을 나타내는 종합 대학으로 발전하였다. 역사학자 이븐 할둔을 비롯하여 유명한 중세 이슬람 학자들이 이곳에서 학문을 익히거나 강의했다고 한다. 이 대학의 도서관은 3만 권 이상의 고전 장서를 소장하고 있어, 아랍권에서도 최고 수준의 희귀 고문헌 보유처로 꼽힌다.

· 알 카라위인 대학

부 이나니아 마드라사는 14세기 메리니드 왕조 시기에 건립
된 종교 학교이다. 정교하고 화려한 건축 양식으로 유명하며, 섬세하게
조각된 나무 장식과 세련된 모자이크 타일, 스투코(stucco) 장식이 조화
를 이루며 메리니드 예술의 정수를 보여 준다. 이 외에 같은 시기에 세
워진 알 아타린 마드라사 역시 뛰어난 장식미가 돋보인다. 스페인의 안
달루시아 지역에서 이주해 온 무어인들의 영향을 받아 9세기에 지어진
안달루스 모스크도 페스의 아름다운 종교 건축 유산으로 꼽힌다.

· 아름다운 장식이 인상적인 부 이나니아 마드라사
· 알 아타린 마드라사(출처: 위키미디어 공용)

테너리(Tannery)라 불리는 천연 가죽 염색장은 페스의 대표 명물이다. 페스의 골목길을 걷다 보면 코를 찌르는 퀴퀴한 냄새가 진동하는데, 바로 이 노천 가죽 염색장에서 나는 냄새다.

가죽 수십 장을 한꺼번에 염색하는 원형 수조가 100개 이상 배열된 장관은 위에서 내려다보면 마치 거대한 팔레트처럼 다채로운 색을 이룬다. 석회, 비둘기와 염소 등 동물의 배설물을 천연 재료로 사용하기 때문에 냄새가 고약하지만, 이 재료들이 가죽을 부드럽게 하고 염색에 적합하게 만들어 준다. 이곳을 방문하는 이들에게 민트 잎을 나눠 주기도 하는데, 이것을 코에 대면 지독한 냄새를 조금이나마 덜 느낄 수 있다.

수백 년간 이어져 온 전통 방식 그대로 가죽 손질, 염색, 건조 등 모든 공정이 수작업으로 진행된다. 당나귀가 운반해 온 뻣뻣한 가죽을 먼저 석회와 비둘기 배설물이 섞인 수조에 담가 부드럽게 한 다음, 염색 수조에 옮겨 빨래하듯이 담그기를 반복한다. 마지막으로 주변 건물의 옥상에 널어 자연 건조시킨다. 이렇게 제작된 가죽은 세계 각국의 바이어들이 꾸준히 찾을 정도로 품질이 우수하다.

· 천연 가죽 염색장 테너리

젤리지(Zellige)라 불리는 모자이크 타일은 페스를 대표하는 또 하나의 명물이다. 젤리지는 주택과 모스크는 물론, 전통 재래시장인 수크, 분수, 벤치, 아기자기한 생활 소품에 이르기까지 페스 구시가지 어디서나 흔히 볼 수 있다.

모로코 전통 타일 젤리지는 이슬람 문화와 북아프리카의 전통이 융합되어 모로코에서 독자적으로 발전한 형식이다. 특히 페스는 젤리지 타일 공예의 중심지로, 오랫동안 전통을 이어 오고 있다.

이슬람 교리에서는 사람과 동물의 형상화를 금지하기 때문에 젤리지 장식은 주로 기하학 문양, 식물 장식, 여섯 점의 별 등의 추상적인 형태로 구성된다. 타일 장인들은 수학적으로 정밀한 대칭 구조와 색상 조합 규칙을 철저히 지켜 복잡하면서도 조화로운 무늬를 완성해 낸다.

· 젤리지로 장식된 거리의 벽면

· 전통 방식으로 타일을 만드는 모습
· 페스에서 생산, 판매되는 전통 타일 제품

드레스덴

다 시
피 어 난
작센의 꽃

드레스덴은 독일 남동부 작센주의 주도(州都)로, 엘베강 유역에 자리한 아름다운 도시다. 마이센과 피르나 사이에 위치하며, '엘베강의 피렌체'라고 불릴 만큼 예술성과 경관이 뛰어난 도시이다. 엘베강을 따라 노이슈타트(신도시)와 알트슈타트(구도시)로 나뉜다.

이 도시는 본래 슬라브족이 엘베강 북쪽에 정착하면서 형성한 드레즈단('평야의 삼림 거주민'을 뜻함)이라는 작은 촌락으로 시작되었고, 1216년경에 이르러 도시 관련 기록이 나타난다. 1270년 마이센 변경백(邊境伯) 하인리히의 영토가 되었으나 그의 사후 보헤미아, 브란덴부르크에 귀속되었다가 14세기 초에 다시 마이센 변경백령(領)으로 돌아왔다.

15세기 후반 마이센 변경백의 베티나가(家)가 분열했을 당시 드레스덴은 이 가문에 속하였고, 17세기에 베티나가가 작센 선거후(選擧侯)가 되면서 본격적인 수도 역할을 하였다. 이 시기에 성벽을 구축하고 궁전과 교회 등 다양한 문화 시설이 세워지며 독일의 대표 도시로 부상하였다.

1745년 드레스덴 조약으로 오스트리아 왕위 계승 전쟁을 마무리 지었으나, 이후 7년 전쟁(1756~1763년)을 치르면서 도시의 3분의 2가 파괴되었다. 그러나 안톤 왕에 의해 도시가 재건되었고, 강 북안의 안톤슈타트는 그의 이름을 따서 명명되었다. 이때 다시 도약한 드레스덴은 건축 예술로 유명한 도시가 되었다.

그러다 1813년 나폴레옹 1세가 드레스덴을 군사 작전 기지로 삼으면서 또다시 전쟁의 소용돌이에 휘말리게 되었다. 또 제2차 세계대전 당시 1945년 2월 13일부터 2월 15일까지 미군과 영국군의 연합 폭격으로 도시가 심각하게 파괴되었고 수많은 사람이 희생되었다. 특히 프라우엔 교회, 호프 교회, 크로이츠 교회(성십자가교회) 등 역사적 건축물들이 잿더미가 되고 말았다.

오늘날 드레스덴은 복원과 재건을 거쳐 다시 예술과 문화의 중심지로 부활하였고 아름다운 모습으로 세계인의 발길을 끌고 있다.

드레스덴은 과거 몇 차례의 전쟁으로 철저히 파괴되었다. 특히 제2차 세계대전 막바지에는 독일의 주요 군사 시설이 있었던 도시들이 연합군의 폭격 대상이 되기도 하였지만, 드레스덴처럼 도시 전체가 초토화된 사례는 거의 없었다. 유럽에서 보기 드문 아름다운 바로크 양식의 건축물들로 가득했던 이 도시는 한순간에 잿더미로 변해 버렸다.

그 상처는 오늘날까지도 도시 곳곳에 남아 있다. 지금도 드레스덴에서는 건축물의 원형을 그대로 살려 복원하는 작업이 계속되고 있다. 그 작업은 지하에 묻힌 잔해에 대한 철저한 조사에서 시작하며, 모든 조사를 마친 후에야 건물 기초를 보강하고 지상에 다시 건축물을 세운다고 한다.

· 도시 재건은 지금도 진행 중이다.
· 폭격 전의 드레스덴 구시가지 기록 사진
· 과거 사진이나 증언을 바탕으로 복원도를 완성하여 신축 예정지의 가림막으로 활용한 모습

복원은 단순히 건물을 되살리는 일이 아니라, 과거를 기억하고 우리 것을 지키려는 노력이다. 드레스덴에서는 폭격으로 무너진 건물더미를 섣불리 치우지 않고 그 흔적을 빠짐없이 기록한 후에야 복원을 시작한다. 그 또한 역사라고 생각하는 것이다.

· 건축물의 발굴 및 복원 관련 조사 기록을 알린다.
· 옛 건축물을 최대한 보존하고 재활용하여 복원이 이루어진다.

츠빙거 궁전은 독일 바로크 양식의 대표적인 건축물로, 작센 지역의 왕과 귀족들이 머물렀던 공간이다. 지금은 미술관과 박물관으로 활용되고 있다. 이 궁전은 아우구스트 2세의 명으로 지어졌으며, 건축가 마테우스 다니엘 푀펠만과 조각가 발타자르 페르모저가 협력해 1709년에 착공하여 1732년에 완공하였다. 연회장, 예배당, 침실, 전시 공간을 배분하였고, 정원과 파빌리온 등을 갖추고 있다. 제2차 세계대전 당시 대공습으로 파괴된 후 1963년까지 복구 공사가 이루어졌다.

· '수학-물리학 살롱(Mathematisch-Physikalischer Salon)'. 과학적, 수학적, 물리학적 도구들을 전시한 박물관이다.
(출처: 위키미디어 공용)

· 녹색 지붕의 건축물은 '프랑스식 파빌리온(Französischer Pavillon)'이라 불린다.

· '글로켄슈필 파빌리온(Glockenspiel pavillon)'. 시계 아래에 마이센 도자기로 만들어진 하얀 종들이 걸려 있다.

· 글로켄슈필 파빌리온과 정원을 사이에 두고 마주 보고 있는 '월 파빌리온(Wall pavillion)'

츠빙거 궁전의 주요 출입구인 크로넨토어(Kronentor)는 '왕관의 문'이라는 뜻으로, 문 꼭대기에 거대한 왕관 모양의 장식이 올려져 있어 붙여진 이름이다. 츠빙거 궁전은 중앙의 안뜰을 중심으로 좌우 대칭에 가까운 구성을 이루며, 크로넨토어를 포함한 여러 개의 출입구가 안뜰과 외부를 연결한다. 중심부에는 큰 홀이 있고, 양쪽으로 회랑이 이어지며, 건물의 각 모서리에는 첨탑을 세워 화려함과 입체감을 부여하였다. 2002년 엘베강이 범람하면서 궁전 일부가 물에 잠겨, 현재까지도 정밀한 복구 작업이 이어지고 있다.

· 화려하고 아름다운 크로넨토어(왕관의 문)

츠빙거 궁전에는 바로크 건축 양식의 특징이 뚜렷하게 반영되어 있다. 복잡한 곡선미, 풍부한 장식, 극적인 빛과 그림자의 대비를 통해 감각적 아름다움과 장엄함을 표현하였다.

궁전 내의 님펜바트(Nymphenbad)는 '님프(요정)의 목욕탕'이라는 뜻을 가진 소형 안뜰 분수로, 조각가 페르모저의 대표 작품이다. 정교하고 우아한 요정상과 섬세한 조각 장식으로 아름답게 꾸며져 있다.

· 광장 뜰에서는 매년 여름 드레스덴 음악제가 열린다. 안뜰을 십자형으로 조성하고 4개의 분수를 배치했다.
· 츠빙거 궁전은 바로크 양식의 대표적인 궁전이다.
· 요정의 목욕탕 님펜바트(출처: 위키미디어 공용)

요한 기마상과 젬퍼 오페라 하우스는 드레스덴의 랜
드마크라 할 수 있다. 츠빙거 궁전에서 엘베강 쪽으로 나가면 작센 왕
요한의 기마상과 젬퍼 오페라 하우스가 보인다. 요한 기마상은 요한
2세의 강력한 인물상과 정치적, 군사적 지도력을 상징한다.

· 오페라 광장 한가운데 작센 왕
  요한을 기리고자 세운 기마상이
  있다.

오페라 하우스를 독일어로 오퍼(oper)라고 한다. 작센 왕이 건축가 고트프리트 젬퍼(Gottfried Semper)에게 오페라 하우스를 설계하게 하여 그의 이름을 따 '젬퍼 오퍼'라 불린다. 지금의 젬퍼 오페라 하우스는 세 번째 재건한 모습이다.

고트프리트 젬퍼가 1841년 첫 번째로 완공한 오페라 하우스는 고전주의 및 르네상스 건축 양식으로 설계되었으며, 당시 유럽에서 가장 아름다운 오페라 하우스로 명성이 자자하였다. 이곳에서 리하르트 바그너와 요한 슈트라우스의 작품이 초연되기도 하였다.

이후 1869년에 큰 화재가 발생하여 오페라 하우스가 심각하게 손상되었고, 곧바로 재건하려 하였으나 당시 고트프리트 젬퍼는 반역자로 수배 중이어서 그의 아들 만프레드 젬퍼가 대신 재건을 맡게 되었다. 1878년에 다시 문을 열게 된 오페라 하우스는 실내 장식이 더 화려해졌다고 한다.

그러나 1945년 드레스덴 폭격으로 또다시 완전히 파괴되었고, 1977년부터 재건 작업이 시작되어 1985년에야 비로소 완공되었다. 건물 외관은 원형에 가깝게 복원되었고, 내부는 원래의 건축 양식을 계승하면서도 현대적인 시설을 갖추고 있다.

젬퍼 오페라 하우스에서는 주립 관현악단, 발레단, 합창단 등의 공연이 한 해에 300회 정도 열리며, 평균 90%가 넘는 좌석 점유율을 유지하고 있다고 한다.

· 최초 건립 당시의 코린트 양식, 르네상스 양식, 바로크 양식이 혼합된 모습 그대로 재건된 젬퍼 오페라 하우스
· 1975년 오스트리아 빈에서 젬퍼 오퍼의 설계도 원본이 발견되어 원형대로 복원할 수 있었다.
· 젬퍼 오페라 하우스 실내(출처: 위키미디어 공용)

레지덴츠성은 원래 중세 마상 경기장이었으나 작센 군주가 거주하는 궁전으로 개조되었다. 1701년 아우구스트왕의 명에 따라 화재로 파괴된 궁전을 바로크 양식으로 재건하였다.

궁전 외곽에 만들어진 슈탈호프 벽은 마이센 도자기 타일을 이용해 과거 군주들의 행진 모습을 담아낸 '군주의 행렬'이라는 벽화로 장식되었다. 이 벽화는 1876년 베틴 가문의 800주년을 기념하여 만들어졌으며, 작센의 역대 군주들을 연대순으로 표현하였다. 벽화는 길이가 약 100m, 높이는 약 10m로 궁전의 역사적인 상징물로 자리 잡고 있다. 제2차 세계대전 당시 대공습으로 레지덴츠성의 대부분이 파괴되었으나 이 벽화만은 기적적으로 전화를 모면하여 본래의 모습을 잘 간직하고 있다.

· 레지덴츠성
· 마이센 타일 2만 5천 장이 사용된 벽화 '군주의 행렬'

드레스덴의 구시가지는 30년 전쟁 동안 파괴되어 잿더미로 변하였고, 1732년까지 재건 작업이 이루어졌다. 이후 1806년부터 작센 왕국의 수도가 되어 정치, 문화, 예술의 중심지로 번창하였다. 그러나 이 영광은 나치 독일의 히틀러가 등장하여 문화 말살 정책과 유대인 학살을 자행하면서 심각한 타격을 입었고, 그 절정은 1945년 연합군의 폭격이었다.

· 드레스덴 구시가지 풍경
· 옛 부재를 사용하여 구시가지를 깨끗하게 재건하였다.

프라우엔 교회는 구시가지의 노이마르크트 광장에 자리한 바로크 양식의 교회이다. 독일의 건축가 게오르게 베어가 설계하였고, 1726년에 착공하여 1743년에 완공되었다. 이 교회가 완성되면서 독일은 당시 세계 최고 수준의 건축 기술을 보유한 나라가 되었다. 또한 교회 내부에 파이프 오르간 제작자로 유명한 고트프리트 질버만의 오르간도 설치되었다.

특히 96m 높이의 돔은 이 교회의 상징으로, 당시 기술로는 매우 혁신적인 구조물이었다. 1만 톤의 사암으로 만들어진 돔은 내부에서 지지해 주는 기둥이 없었으나 1760년 프로이센 군대가 쏜 100여 개의 포탄에도 무너지지 않았다. 그러나 1945년 2월 폭탄이 쏟아져 교회는 산산조각이 나 상상도 못 했던 최후를 맞이하였다.

전쟁 후 폐허로 남아 있던 교회는 많은 사람의 기원과 정성으로 복원이 논의되기 시작하였다. 드레스덴 시민들은 무너진 교회 건물의 돌들을 하나씩 모아 번호를 매겨 보관하여 복원의 초석을 마련하였다. 독일 태생의 미국인 생물학자 귄터 블로벨이 어릴 적 프라우엔 교회를 보았던 기억을 되살려 1994년부터 교회 재건 사업을 시작하였다. 1999년 노벨 생리의학상을 받은 그는 상금을 모두 재건 사업에 기부하기도 하였다. 원래의 설계와 외관을 최대한 그대로 복원하고자 노력하였고 일부는 기존 석재를 활용해 재건하였다.

그렇게 2005년 2월 복원이 끝난 프라우엔 교회는 전쟁의 상처를 극복하고 세계 평화와 화해의 메시지를 전하는 공간으로 자리매김하였다.

· 2005년 부활하여 절망에서 희망의 상징이 된 프라우엔 교회(출처: 위키미디어 공용)
· 검게 보이는 부분은 과거 폭격 당시 불에 타 검게 그을린 벽돌을 재사용한 것이다.

· 복원된 거대한 돔
· 화려한 바로크 양식의 프라우엔 교회 내부

세계 옛 도시를 걷다

7

에든버러

스코틀랜드의
자 존 심

에든버러는 1437년 스코틀랜드의 수도가 된 이후 정치, 문화, 교육, 관광의 중심지 역할을 톡톡히 해내고 있다. 매년 약 1,300만 명의 관광객이 에든버러를 찾을 정도로 관광 산업이 도시 경제의 근간을 이루고 있다. 특히 8월에는 에든버러 국제 페스티벌, 에든버러 프린지 페스티벌, 로열 에든버러 밀리터리 타투, 에든버러 국제 영화제 등 대규모 축제를 집중적으로 열어 온 인류에게 감동을 선사하며 지구를 들썩이게 하고 있다.

로마 제국 시기 브리튼섬 북동부에 살던 고도딘족(Gododdin)이 현재 에든버러성이 있는 구릉 위로 이주하여 요새를 짓고 '딘 에이든(Din Eidyn)'이라 이름 붙였는데, 이것이 에든버러의 기원이다.

12세기에 데이비드 1세가 홀리루드하우스 궁전(Palace of Holyroodhouse)을 건축하고 중세 도시화를 촉진하는 정책을 펼치면서 에든버러는 요새의 틀을 벗어나 본격적으로 도시로 발전하기 시작했으며, 13~14세기 상업과 행정의 중심지로 성장해 15세기 초 스코틀랜드 수도로 지정되었다. 16세기 중반에는 인구가 약 1만 5천 명에 이르렀고, 1513년부터 1560년까지 잉글랜드의 침입에 대비하고자 방어 목적으로 성벽을 축조하였다.

1707년 스코틀랜드와 잉글랜드가 합병하여 그레이트브리튼 왕국이 되었고, 1800년경 도시의 인구는 10만 명을 넘어섰다. 1842년에 에든버러와 글래스고를 연결하는 철도가 개통되면서 도시의 산업화가 이루어졌다.

20세기에 에든버러는 금융 중심지로 성장하였고, 1999년에는 스코틀랜드 의회가 해산된 지 292년 만에 다시 에든버러에 설치된 바 있다.

칼턴 힐(Calton Hill)은 에든버러 시내 동쪽에 위치한 해발 110m의 나지막한 언덕이다. 아름다운 에든버러 시가지와 주변 경치를 막힘없이 제대로 감상하기 좋은 명소이다.

칼턴 힐에는 영국 해군의 영웅인 호레이쇼 넬슨 제독을 기리기 위한 넬슨 기념탑 등 여러 전쟁 기념물이 세워져 있다. 그중에서도 눈에 띄는 것은 나폴레옹 전쟁에서 전사한 병사들을 추모하고자 건립한 '스코틀랜드 국립 기념물'이다. 이는 그리스 아테네의 파르테논 신전을 본떠 만든 것으로 윌리엄 헨리 플레이페어가 설계하였다. 1826년에 착공되었으나 자금 부족으로 인해 1829년에 공사가 중단되었고, 지금도 미완성 상태로 남아 있다.

· 칼턴 힐에서 바라다보이는 산 꼭대기를 아서스 시트(Arthur's Seat, 아서왕의 의자)라고 부른다.

· 스코틀랜드의 계몽주의자 듀걸드 스튜어트 기념비

· 왼쪽에 우뚝 서 있는 것이 넬슨 기념탑이고, 오른쪽에 있는 것이 미완의 건축물로 남은 스코틀랜드 국립 기념물이다.(출처: 위키미디어 공용)

· 칼턴 힐에서 바라본 구시가지
· 고개를 돌리면 신시가지도 보인다.

에든버러의 구시가지와 신시가지는 프린스 스트리트 가든(Princes Street Gardens)을 중심으로 나뉜다. 그 남쪽이 에든버러성과 로열 마일(Royal Mile)이 있는 구시가지이고, 북쪽이 18세기 이후 개발된 계획도시인 신시가지다. 에든버러 구시가지와 신시가지는 1995년 유네스코 세계문화유산으로 등재되었다.

구시가지는 중세 시대에 형성된 건물들과 도시 구조를 그대로 간직하고 있으며, 좁고 구불구불한 골목들이 이어져 있다. 구시가지의 중심 거리인 로열 마일은 에든버러성에서 홀리루드하우스 궁전까지 이어지는 약 1.6㎞의 거리를 말한다. 구시가지에는 전통 시장, 세인트 자일스 대성당 등의 중세 유적과 스코틀랜드 국립박물관이 자리하고 있다.

· 로열 마일 거리

신시가지는 18세기 말에서 19세기 초에 걸쳐 구시가지의 인구를 분산 시킬 목적으로 개발된 지역이다. 제임스 크레이그가 계몽주의적 이상 을 바탕으로 설계한 도시로, 질서 정연한 격자형 도로망과 광장을 중심 으로 구성되었다. 신시가지는 원래 상류층과 귀족의 주거지로 조성되 었고, 현재는 고급 상점과 금융 기관이 밀집한 지역으로 발전하였다.

· 신시가지 너머로 북해가 펼쳐진다.

구시가지 중심 거리에서는 다양한 공연과 축제가 펼쳐진다. 매년 8월에 3주간 열리는 에든버러 국제 페스티벌은 제2차 세계대전을 겪으며 상처받은 이들을 치유하고자 1947년부터 시작된 행사이다. 오페라, 클래식 음악, 연극, 무용 등 다양한 장르의 예술가들이 공연을 선보인다.

· 축제 기간에는 250만 명이 넘는 사람들이 에든버러를 방문한다.
· 교회도 연극 공연 장소로 사용된다.
· 나 홀로 마임 중인 거리 예술가
· 공연이 펼쳐지는 어셔 홀, 플레이하우스, 퀸스 홀(출처: 위키미디어 공용)

8월에 열리는 또 다른 축제인 로열 에든버러 밀리터리 타투는 세계적인 군악 축제로, 여러 나라의 군악대 수천 명이 모여 군무와 군악 퍼레이드를 선보인다. 공연을 위해 에든버러성 앞 광장에 임시 무대와 좌석이 설치된다. 성벽을 배경으로 펼쳐지는 공연은 더 극적이고 장엄하게 다가오며, 이를 보기 위해 세계 각지에서 수많은 관람객이 모여든다.

· 로열 에든버러 밀리터리 타투가 열리는 에든버러성 입구 광장
· 광장에 설치된 임시 무대와 좌석
· 화려하고 웅장한 축제 모습(출처: 위키미디어 공용)

에든버러성은 캐슬 록(Castle Rock)이라는 우뚝 솟은 바위산 위에 세워진 고대 요새이다. 삼면이 가파른 절벽이고 동쪽 면만 경사가 완만하여 이곳으로 접근할 수 있다. 11세기에 증축되어 지금의 규모로 확대되었다. 12세기부터 왕실 거주지 역할을 하였는데, 스튜어트 왕조의 메리 여왕이 1566년 제임스 6세를 낳은 곳이기도 하다. 에든버러성은 스코틀랜드와 잉글랜드가 수많은 전쟁을 치른 장소였으며, 17세기 후반부터는 군사 요새로 사용되었다. 현재는 박물관으로 활용되고 있다.

· 바위산 위에 세워진 에든버러성(출처: 위키미디어 공용)

· 성내에 들어서면 제일 먼저 보이는 전쟁기념관
· 전쟁으로 희생된 병사들을 추모하는 공간
· 성문 위에 스코틀랜드 왕가의 문장이 있다.

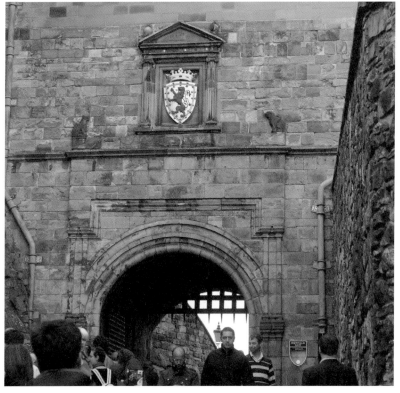

에든버러성이 더욱 주목받는 이유는 2023년 5월 영국 국왕 찰스 3세의 대관식에 사용되었던 '운명의 돌'이 보관되어 있기 때문이다. 과거 스코틀랜드의 왕들은 전통적으로 왕위에 오를 때, 이 운명의 돌 위에 무릎을 꿇고 왕관을 받으며 대관식을 거행하였다. 그런데 1296년 잉글랜드의 왕 에드워드 1세가 스코틀랜드를 정복한 뒤 스코틀랜드 왕권의 상징이었던 이 돌을 강제로 빼앗아 갔고, 1996년에야 에든버러에 반환되었다.

또한 성에는 1449년에 제작되었다는 거대한 대포 몬스 멕(Mons Meg)이 전시되어 있다. 포구 구경이 20인치이고, 무게가 약 6톤, 최대 사거리는 약 3.2*km*였다고 한다. 이 밖에 매일 오후 1시 정각에 성벽 위에서 작은 예포를 발포하는 원 어클락 건(One O'Clock Gun)으로 볼거리를 제공하고 있다.

· 몬스 멕. 메리 여왕의 첫 번째 결혼식 때 이 포를 쏘았다고 한다.
· 매일 오후 1시에 예포를 발포하는 원 어클락 건

세인트 자일스 대성당은 구시가지의 로열 마일에 위치하며, 스코틀랜드 고딕 양식의 대표적인 예로 꼽히는 건축물이다. 12세기 초 데이비드 1세가 당시 성인으로 추앙받던 세인트 자일스에게 헌정한 성당으로 세워졌다. 1385년 화재로 파손되었다가 여러 차례 증축이 이루어졌고, 1829년에 건축가 윌리엄 번이 외관 일부를 개조하여 지금의 모습을 갖추었다. 종교개혁을 주도한 칼뱅파 목사 존 녹스(John Knox)의 활동 근거지로도 유명하다.

고전 건축 양식과 성당 내부의 정교한 스테인드글라스가 화려하면서도 엄중한 분위기를 자아낸다. 성당에서는 첼로 연주회를 비롯하여 다양한 음악 공연이 종종 열린다고 한다.

· 왕관 모양의 지붕이 인상적인
  세인트 자일스 대성당

· 아름다운 성당 내부
· 화려하고 정교한 솜씨의 스테인드글라스
· 스코틀랜드의 문장

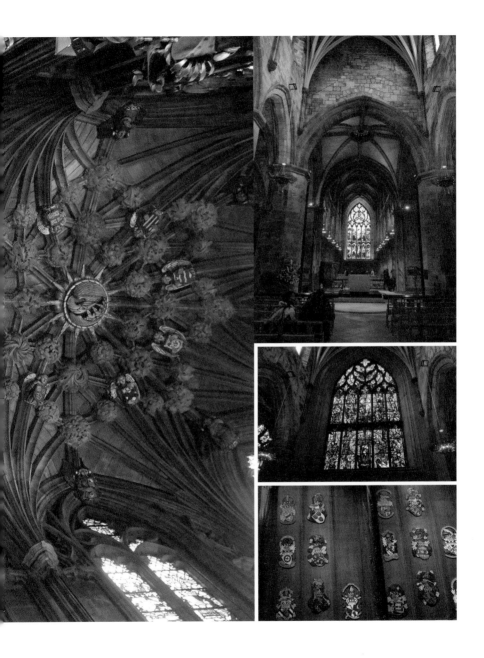

145

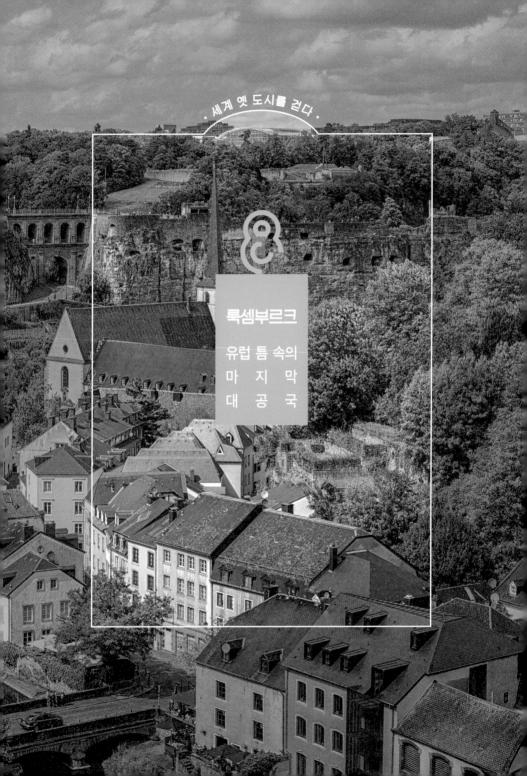

세 계 옛 도 시 를 걷 다

8

룩셈부르크

유럽 틈 속의
마   지   막
대   공   국

중부 유럽의 베네룩스 3국 가운데 하나인 룩셈부르크는 오늘날 세계에서 유일하게 남아 있는 대공국이다. 대공국은 왕국에서 작위를 받은 제후인 대공이 통치권을 행사하는 독립 국가로, 일반적으로 세습 체제로 국가가 유지된다.

룩셈부르크의 시작은 프랑크 왕국이 분열되면서 동프랑크 왕국을 계승한 신성 로마 제국의 아르덴 백작 지크프리트 1세가 룩셈부르크 요새를 점령하고 공국을 세운 963년부터로 간주된다. 이 가문은 결혼 동맹을 통해 계속해서 공국을 지배할 수 있었으며, 14세기 초에는 보헤미아 왕국을 얻었고 그 영향력으로 신성 로마 제국 황제로도 선출되었다. 이후 가문의 본거지가 보헤미아의 프라하로 옮겨지면서, 룩셈부르크는 브라반트 공국, 림뷔르흐 공국과 합쳐졌다.

15세기에 룩셈부르크 가문의 대가 끊기면서 부르고뉴 공국의 통치를 받았고, 이후 다양한 강대국의 지배를 받으며 합스부르크 네덜란드, 프랑스, 스페인, 오스트리아령 네덜란드로의 병합을 거듭하였다.

1815년 나폴레옹 전쟁이 끝난 후 열린 빈 회의에서 룩셈부르크는 대공국으로 공식 인정받았으나, 네덜란드 국왕이 룩셈부르크 대공을 겸하면서 네덜란드 왕국의 통치 아래 놓이게 되었다. 1890년경에 네덜란드의 지배에서 벗어나 분리된 대공국으로 다시 출발하였으나, 두 차례의 세계대전을 거치면서 독일의 점령을 겪기도 했다. 수많은 외세의 간섭과 전쟁의 포화로 제주도의 1.4배 정도 크기의 영토가 파괴되는 수난을 겪었고, 그때마다 요새를 쌓아 방어에 나섰지만 제국의 신무기에 대항하기에는 역부족이었다.

그러나 도시국가라고 할 정도로 작은 룩셈부르크는 오늘날 위기를 극복하고 세계 최대의 철강회사 본사와 금융업을 유치하며 세계에서 국민소득이 가장 높은 부국이 되었다. 지금은 유럽연합의 주요 기관들이 자리하여 경제 중심지를 넘어 정치 중심지로 도약하고 있다. 룩셈부르크 시민들은 혼자 있을 때는 꽃을 가꾸고, 둘이 되면 커피를 마시고, 셋 이상이 있으면 악기를 다룬다는 말이 있을 정도로 여유로운 생활을 하며, 행복지수가 높다고 한다.

룩셈부르크 헌법 광장은 전쟁에서 희생된 이들을 추모하기 위해 조성된 광장이다. 광장 중앙에는 세계대전 당시 목숨을 잃은 룩셈부르크인들을 기리는 위령탑이 자리한다. 네모꼴의 높다란 위령탑 꼭대기에는 황금 여신상이 서 있는데, 승리와 평화의 의미를 담은 월계관을 들고 있다.

위령탑 아랫부분에는 전쟁의 사상자를 대표하는 두 명의 병사 조각상이 있다. 4개 국어로 표기된 설명문과 함께 한국전쟁 참전 내용도 새겨져 있어 눈길을 끈다.

· 헌법 광장

Bataille de l'Imjin
20-26 avril 1951

JE CITE A L'ORDRE DU

· 광장 한가운데 자리한 위령탑
· 월계관을 든 황금 여신상은 룩셈부르크의 상징물이다.
  (출처: 위키미디어 공용)
· 위령탑 비문에 놓인 추모 꽃
· 1951년 4월 한국전쟁 임진강 전투 참전 기록이 새겨져 있다.

아돌프 다리는 룩셈부르크의 구시가지와 신시가지를 이어 주는 다리로, 페트루세 계곡의 알제트강 위에 우아하게 뻗어 있는 아치형 교량이다. 높이는 42m, 길이는 153m로 건설 당시 세계에서 가장 큰 석조 아치교였다고 한다. 1900년부터 1903년까지 건설되었으며 당시 룩셈부르크를 통치하던 아돌프 대공의 이름을 따서 아돌프 다리로 불렸다. 프랑스의 저명한 교량 기술자 폴 세주르와 룩셈부르크의 건축가 알베르 로당주가 공동 설계하였다.

· 아돌프 다리

기욤 2세 광장은 룩셈부르크가 프랑스의 지배를 받을 당시 조성된 광장이다. 본래 수도원이 있던 곳이었는데, 1804년 나폴레옹의 방문에 맞춰 프랑스 군인들이 수도원 건물을 철거하고 광장을 조성한 것이다. 1838년에는 광장에 고딕 양식의 시청사가 들어섰다.

광장 중심에는 룩셈부르크의 발전을 이끌었던 대공 기욤 2세의 기마상이 있다. 그는 네덜란드의 국왕이자 룩셈부르크의 대공으로, 입헌군주제를 도입하고 자치권을 주어 룩셈부르크를 실질적으로 독립시켜 준 인물이다. 프랑스어로는 '기욤', 네덜란드어로는 '빌럼'이라 발음하여 종종 다른 인물로 착각하는 일도 있으나 모두 동일 인물을 가리킨다. 기욤 2세 광장은 제국의 통치에서 벗어나 자율적인 국가로 거듭난 룩셈부르크의 역사적 전환점을 상징한다고 할 수 있다.

· 기욤 2세 광장(출처: 위키미디어 공용)
· 기욤 2세 기마상

노트르담 대성당은 헌법 광장 길 건너 맞은편에 자리하고 있다. 1613년 예수회 수사이자 건축가였던 장 데 브록이 건설한 성당이다. 당시 유럽 건축에서는 바로크 양식이 유행하고 있었으나, 이 성당은 간결하면서도 위엄 있게 보이고자 후기 고딕 양식에 르네상스 양식을 가미하여 지었다. 오늘날 성당에서는 국가적 행사나 대공의 결혼식이 열리기도 하는데, 장(Jean) 대공과 벨기에 조세핀 샤를로트 공주의 결혼식도 이곳에서 거행된 바 있다.

· 맑은 채색의 정교한 스테인드글라스 장식이 성당의 기품을 더한다.
· 화려한 조각과 성화
· 성당 입구의 성모상

· 뾰족하게 솟아 있는 3개의 첨탑이 특징적인 노트르담 대성당

그룬트 마을은 알제트강을 사이에 두고 고지대의 구시가지와 저지대의 마을이 조화를 이루는 독특한 지형 위에 자리 잡고 있다. '그룬트(Grund)'는 독일어로 '저지대'를 뜻하며 영어 '그라운드(Ground)'와 같은 의미다. 이름처럼 도시의 중심 아래 고요히 펼쳐진 마을이다.

이곳은 원래 룩셈부르크 요새에 둘러싸인 마을이었으나, 19세기에 유럽 열강의 결정으로 요새가 해체되면서 전체 구조물의 90%가 사라졌다. 그러나 남은 10%만으로도 중세 시대의 아름다움과 역사를 짐작할 수 있다. 그룬트 마을의 집들은 대부분 회색 슬레이트 지붕과 흰색 또는 연분홍색 외벽을 갖추고 있어 고풍스러우면서도 따뜻한 분위기를 자아낸다. 주변의 초록빛 자연과 푸른빛의 강물이 어우러지며 한 폭의 그림 같은 풍경을 만들어 낸다.

· 그룬트 마을 안내센터와 마을 모형

· 저지대의 작은 마을 그룬트
· 마을의 변화를 보여 주는 그래픽

보크 포대는 지하 동굴과 터널로 이루어진 요새로, 중세 군사 전략을 잘 보여 주는 유적으로 평가되며, 1994년 유네스코 세계문화유산에 등재되었다. 알제트강 주변의 바위산을 따라 암반을 굴착하여 자연 지형을 최대한 활용해 요새를 축조하였다. 약 24km에 달하는 지하 갱도와 방어실, 포대가 연결되어 있었으나 요새가 해체되며 대부분 사라졌다. 그러나 남은 구조물만으로도 그 정교함과 규모를 짐작할 수 있다.

· 그룬트 마을에서 보크 포대로 향하는 길
· 보크 포대 내부(출처: 위키미디어 공용)

· 자연 지형을 활용한 보크 포대(출처: 위키미디어 공용)

II

그대로의
모습을 지닌
도시

뤄 양

중　　　화
전통문화의
근　　　원

중국 뤄양[洛陽(낙양)]은 중원의 중앙이라 할 수 있는 허난성 서북부에 있다. 황허강의 지류인 뤄허강[洛河] 연안의 소분지로, 화베이평야와 웨이수이강[渭水]을 잇는 교통의 요지이다. 특히 망산(忙山) 고원지대와 황허의 본류 및 지류가 만나는 지역은 수나라 시절 운하가 강남 지역과 연결되는 마지막 지점으로 중요한 위치를 차지했다.

중국의 7대 고도로 꼽히는 뤄양은 시안과 함께 최고의 역사와 문화를 품은 도시이다. 서주, 동주, 후한, 조위, 서진, 북위, 후량, 후당, 후진 등 13개 왕조가 수도로 삼았던 유서 깊은 도시다. 특히 뤄양을 수도로 사용한 기간이 가장 길었던 때는 후한과 북위 시기로, 이때 크게 번성하여 '한위뤄양성(漢魏洛陽城)'이라고도 표현한다.

605년 수양제는 뤄양을 수도로 삼고 대규모 건설 프로젝트를 시작하여 정전(正殿), 명당(明堂), 태학(太學) 등을 건설하였다. 당대에 이르러 동도(東都) 역할을 하다가 측천무후가 즉위하면서 수도를 뤄양으로 옮겨 화려한 건축물과 누각을 세웠다.

뤄양 도심에는 주나라의 톈쯔자류[天子駕六(천자가육)]박물관, 중국 최초의 불교 사원으로 알려진 바이마쓰[白馬寺(백마사)], 중국 불교 미술사의 백미라 일컬어지는 룽먼[龍門(용문)]석굴, 관우의 무덤인 관린[關林(관림)], 뤄양구무[洛陽古墓(낙양고묘)]박물관, 백거이(白居易) 묘 등 국가 문물이 산재해 있다.

룽먼석굴은 뤄양시 남쪽 약 12km 지점에 위치한 석굴 사원이다. 이수(伊水) 강을 사이에 두고 마주 보는 룽먼산[龍門山]과 샹산[香山(향산)]의 암벽을 따라 석굴이 조성되어 있다. 약 1km의 암벽 구간에 2,300여 개의 석굴과 감실(龕室)이 있고, 10만여 존의 불상과 2,800여 개의 비문 및 명문, 60여 기의 불탑이 남아 있다.

룽먼석굴은 북위 효문제가 수도를 뤄양으로 옮긴 493년부터 조성되기 시작하여 동위, 서위, 북제, 수, 당, 북송 시기까지 400여 년에 걸쳐 만들어졌다. 가장 오래된 석굴인 고양동(古陽洞)을 비롯하여 북위 선문제가 발원한 빈양동(賓陽洞)과 연화동(蓮花洞), 위자동(魏字洞) 등 북위 시대에 만들어진 석굴이 약 30%를 차지한다. 남북동(南北洞)과 약방동(薬方洞)은 북위 시대에 조성되기 시작하여 북제, 수까지 이어졌다.

당 후기가 룽먼석굴의 최전성기로 경선사동(敬善寺洞), 쌍동(雙洞), 만불동(萬佛洞), 사자동(獅子洞), 혜간동(惠簡洞), 노용동(老龍洞), 봉선사동(奉先寺洞) 등 약 60%의 석굴이 이 시기에 만들어졌다.

석굴 앞으로는 이수가 흐르는데, 이수 양쪽에 솟은 두 산이 멀리서 보면 마치 궁궐의 문처럼 보여서 이곳을 '이궐(伊闕)'이라고도 불렀다. 서쪽 문에 해당하는 룽먼산과 마주한 동쪽의 샹산에는 당나라 시인 백거이의 무덤이 있다.

· 룽먼석굴 앞으로 흐르는 이수
· 샹산에 있는 샹산쓰[香山寺(향산사)]
· 룽먼석굴로 가는 입구
· 제일 먼저 접하게 되는 제1동 재불동(齎祓洞)

· 암벽을 따라 마치 벌집처럼 늘어선 크고 작은 굴 안에 불상이나 불탑이 모셔져 있다.
· 가장 오래된 석굴인 고양동 내부의 불상

제2, 3, 4동은 빈양동이라 불린다. 북위 선무제의 발원으로 502년부터 만들기 시작한 곳으로, 룽먼석굴 초기 양식에 해당한다. 선무제가 아버지 효문제와 어머니 문소황후를 위해 만들었다고 전해진다.

· 룽먼석굴 형성기의 대표적인 석굴 빈양동
· 세 개의 동굴 중 가장 큰 빈양중동(賓陽中洞) 입구
· 암벽을 깎아 내고 다시 그곳에 석굴을 조성하였다.
· 협시불
· 아치형 석굴과 사각형의 모퉁이를 둥글게 만든 말각방형 석굴 등 다양한 형식을 볼 수 있다.

제13동은 연화동이라 불리며, 북위 후기 효명제 초년에 대략 완성되었고, 북제와 수나라 시기에 추가적인 조각이 이루어졌다. 동굴 내부는 장방형 평면으로, 본존 불상은 석가입상 형태로 중앙에 배치되었고 천정에는 큰 연꽃 모양 부조가 있다.

· 연화동 내부. 천정의 연꽃 부조가 인상적이다.
· 연화동에 쓰인 '이궐(伊闕)'

룽먼석굴의 불상 배치 형식은 일반적으로 본존상 1구, 보살상 2구, 제자상 2구로 구성된다. 석굴과 감실을 나누는 기준은 보통 굴의 높이가 3m 이상이면 대굴이라 하고, 1~3m이면 소굴이라 하며, 1m 이하이면 감실로 구분한다. 대개 중앙에 석굴을 두고 주변에 감실을 두는 구조이다.

제19동은 당 고종이 발원한 봉선사동으로, 672년에 조성되기 시작하여 4년여에 걸쳐 완성되었으며 룽먼석굴의 백미로 일컬어진다. 석굴 안에는 본존인 노사나불(비로자나불)을 중심으로 두 제자, 두 보살, 두 천왕, 두 역사(力士) 등 9개의 거대한 석상이 조각되어 있다. 당나라 때 만들어진 석조물 가운데 가장 규모가 크고 대표적인 작품이다.

자애로운 얼굴을 한 노사나불은 뤄양의 얼굴이라고 이야기되며, 전체 높이는 17m이고 머리 길이만 4m, 귀 길이는 1.9m나 된다. 둥근 얼굴에 초승달 모양의 눈썹, 미소를 머금은 듯한 표정이 특징이다. 막대한 건축자금을 댄 측천무후를 모델로 조각했다는 이야기가 전하기도 한다. 노사나불은 화엄종에서 신봉하는 주불상으로, 이는 측천무후의 후원 아래 뤄양에서는 화엄종이 유행했음을 보여 준다.

당 말기와 북송 시대에는 룽먼석굴 조성 사업이 급격하게 위축되었다. 8세기 중반에 일어난 안사의 난으로 뤄양이 함락된 이후 회복하지 못한 데다, 불교의 신앙 활동이 석굴 숭배에서 사원 경배로 변화하는 등 여러 요인이 작용했기 때문이다.

· 웅장한 규모의 봉선사동
· 봉선사의 천왕에게 짓밟힌 야차 조각

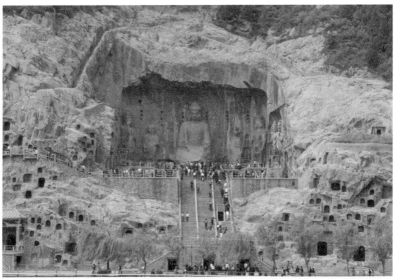

· 노사나불을 위시한 9개의 석상

딩딩먼[定鼎門(정정문)]은 뤄양성의 정문이다. 수나라 수양제는 즉위 후 뤄양을 동도(東都)로 삼고 대대적인 도성 정비 작업을 진행하였다. 606년 뤄양에 궁성과 성곽 등 중요한 건축물들이 건설되었는데 그중 하나가 딩딩먼이었다. 수나라의 건축가 우문개(宇文愷)가 설계하였다고 전해진다.

딩딩먼은 당, 후량, 후당, 후주, 북송 때도 뤄양성의 정문으로 사용되었다. 문헌에 따르면 수나라 시기에는 젠궈먼[建國門(건국문)]으로 불리다가 당나라 시기부터 딩딩먼으로 명칭이 바뀌었다.

딩딩먼은 돈대(墩臺), 문도(門道), 격장(擊牆), 비량(飛梁), 궐대(闕臺), 마도(馬道), 함도(陷道) 등 고대 성문의 전형적인 방어적 구조 요소들을 갖추고 있으며, 이는 외부 위협을 차단하는 데 중요한 역할을 했다.

· 근대에 복원된 딩딩먼

뤄양성의 도성 구조를 살펴보면, 성의 전체 크기는 한 변의 길이가 6.1~7.3㎞ 정도이며 정사각형 형태였다. 도성은 내부에 동서로 흐르는 낙하를 경계로 남부와 북부로 나뉘었다. 북부에는 궁성과 29개의 방 (坊)을 두었고, 남부에는 시장과 74개의 방을 설치하였다. 각 방은 도로로 구획되었으며 귀족과 백성들이 함께 거주하였다. 그 외곽을 성곽으로 둘러싼 후 네 방향에 각각 3개의 성문을 설치하였다. 딩딩먼은 이러한 도성 구조의 중요한 출입구로, 도시 방어 시스템의 핵심적 역할을 하였다.

· 내부 다짐으로 기초를 튼튼히 하고, 벽돌을 겹겹이 쌓아 기울어진 형태의 외벽을 만들었다.

현재 딩딩먼 안쪽 유적지는 발굴과 복원이 필요한 상태로, 일부 구간은 공원으로 조성되어 있다. 딩딩먼 상부의 문루에서 궐대까지 이어지는 통로에서는 당나라 시대 사신 접견 장면을 재현하는 등 갖가지 행사를 통해 관광객에게 볼거리를 제공하고 있다.

· 딩딩먼 내부는 유적 보호 및 전시 공간으로 꾸며져 있다.
· 당나라 시대의 모습을 재현한 행사
· 유적지에 나무를 심고, 해자는 도심 물길로 조성해 놓았다.

잉톈먼[應天門(응천문)]은 수양제 시기에 만들어진 성문으로, 당나라 고종이 뤄양성을 수리하면서 궁성의 정문으로 삼았다. 이 성문은 수양제가 동도에 입성한 순간부터, 당 고종이 백제 왕에게 칙령을 내리고, 측천무후가 왕위에 올라 자신을 황제로 선포하고, 당 현종이 번영을 이룬 모습까지 모두 지켜본 성문이다.

660년 7월 나당 연합군에 의해 사비성이 함락되면서 백제는 멸망하고 말았다. 백제의 마지막 왕인 의자왕과 왕족, 유민 일부는 당나라 장군 소정방에 의해 포로로 잡혀 뤄양성으로 압송되었다. 그해 10월 의자왕은 잉톈먼 문루에서 당 고종과 측천무후가 지켜보는 가운데 치욕스러운 헌부 의례를 치렀고, 며칠 뒤 병사하여 한 많은 생을 마감하였다. 당 고종은 그를 위해 후하게 장례를 치러 주고 비석도 세워 주었다.

송나라 시기까지 존재했던 잉톈먼을 복원하기 위한 발굴 작업이 최근 시행되었고, 이 과정에서 격벽과 문도(門道)가 새롭게 발견되었다. 잉톈먼의 동궐(東闕) 발굴 조사에서 드러난 문도의 바닥에 전(塼)을 깔기 위하여 당대 문양을 그대로 재현한 문양전(文樣塼)을 제작해 현장에 적용하였다.

· 새로 정비하기 전의 궐대 모습
· 발굴된 잉텐먼 유적(출처: 위키미디어 공용)

잉톈먼의 원래 이름은 측천문(側天門)이었는데, 705년 당 중종이 자신의 어머니 측천무후의 존호인 '측천(則天)'과 유사하다는 이유로 잉톈먼으로 바꾸었다고 전해진다. 잉톈먼이 있던 뤄양성의 황성은 한때 자미성(紫微城)이라 불렸고, 황제 즉위식, 헌부 의례, 외국 사절 접견 등 황제가 친견하는 국가의 중대한 행사가 집행되는 곳이었다. 이에 걸맞게 건물의 규모나 위세가 가히 대단한 곳이었다.

· 복원된 잉톈먼의 전경과 야경(출처: 위키미디어 공용)

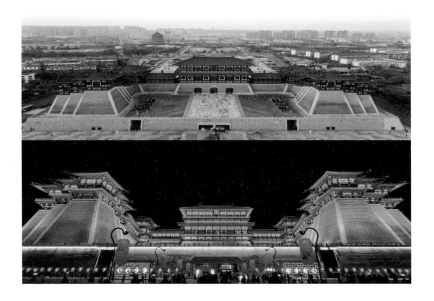

명당(明堂)은 수당 시대 뤄양성의 정전에 해당하는 건축물이다. 본래 예법에 따르면, 명당은 반드시 성곽 남쪽의 3리 밖에서 7리 안쪽에 세워야 했으나, 측천무후는 기존 격식에 얽매이지 않고 명당을 궁성 내 궁전 영역에 건립하는 새로운 방식을 택하였다.

당시 시안과 뤄양 모두 수도로서 중요했지만, 당 고종과 측천무후 재위 기간에는 뤄양성에 머무는 시간이 더 많았다고 한다. 이는 뤄양성이 그만큼 아름답고 품위 있는 도시였음을 시사한다.

· 명당은 중국 고대 황궁 가운데 가장 웅장하고 아름다운 건축물이다.
· 측천무후는 명당에서 조회를 진행하고 가을에는 천제를 지냈다.
· 신성한 장소인 만큼 내부도 화려하게 꾸몄다고 전해진다.

명당 1층 중앙에는 1986년 명당 발굴 조사 당시 드러난 중심 기둥이 세워졌던 자리를 그대로 노출해 두었다. 이 기둥 구덩이의 최대 지름은 9.8m이고 깊이는 4.6m에 달한다. 구덩이 바닥에는 대형 청석(靑石) 4매로 짜인 주초가 놓였으며, 이 주초 외륜의 지름은 약 4.17m이다. 아마도 그 위에 초대형 나무 기둥(목주)을 세웠던 듯하다. 주초 외곽에는 방전(정사각형 전돌)을 깔고 가장자리는 흙으로 다져 중심 기둥의 기초 자리를 확보하였다.

· 수당뤄양성 국가유지공원(隋唐洛陽城國家遺址公園). 명당 앞쪽으로 잉텐먼이 바라다보이도록 트여 있다.
 (출처: 위키미디어 공용)
· 발굴 조사에서 드러난 주초가 놓였던 자리

명당 내부 전시는 2층부터 본격적으로 시작된다. 계단을 따라 올라서면 가장 먼저 보이는 방은 측천무후가 정무를 보던 공간으로, 황제의 옥좌가 놓여 있다. 금빛 가득한 공간에서 황제를 상징하듯 빛나는 태양을 표현한 장식이 눈에 들어온다. 이 공간에서는 연기자들이 측천무후의 생애와 활동상 등을 주제로 한 상황극을 펼치기도 한다.

· 황제의 옥좌 위 천장
· 화려한 공간 장식과 배우들의
  연기가 환상적이다.

내부에 전시된 각종 디오라마와 모형 등을 통해 당대의 뤄양 문화와 뤄양성에 거주한 백성들의 일상, 그리고 그들이 누렸던 윤택한 삶을 간접적으로 엿볼 수 있다. 특히 측천무후 앞에서 문무백관들이 의식을 거행하는 장면을 묘사한 전시물은 장중하고 엄숙한 분위기를 생생히 전달하며 당나라 궁정의 위엄과 웅장함을 보여 준다.

· 당나라 여인들 모습
· 당에 파견된 각국 사신을 맞이하는 조회 광경
· 당나라 시대의 뤄양 도성을 표현한 모형
· 명당과 천당, 잉텐먼 등을 표현한 모형

천당(天堂)은 명당에서 서쪽으로 약 150m 떨어진 곳에 있다. 측천무후가 예불을 드리기 위해 세운 일종의 불당 건축으로, 일명 통천부도(通天浮屠)라고도 불린다. 천당은 688년에 처음 지어졌고, 이후 승려 설회의(薛懷義)에 의해 불태워진 후 2011년에 복원되었다.

높이가 88m인 천당은 현재 뤄양성 내에서 가장 높은 건축물이다. 처음 건립되었을 때의 높이는 무려 312m에 달했다는 기록도 있다. 사각형 기단 위에 상층은 원형으로 구축한 형태가 독특하다.

· 복원된 천당

천당은 원래 황궁이 있던 터에 측천무후가 불당으로 만든 곳이지만, 종교 시설보다는 황제의 권위가 물씬 풍기는 건축물로 설계되었다. 현재 천당 지하에는 중심 기둥의 주초가 보존되어 있고, 일반 관람은 2층부터 가능하다. 2층 내부 원형 벽면에는 세계 각국의 사신들이 측천무후를 알현하는 장면을 표현한 만국내조(萬國來朝)라는 벽화가 있어 눈길을 끈다.

· 9층에는 당의 절정기 불교문화가
  반영된 불당이 있다.
· '만국내조' 벽화

회락창(回洛倉)은 1970년에 발굴된 수나라 시대의 대형 곡식 창고 유적이다. 수나라부터 송나라까지 500여 년간 사용된 중국 최대의 지하 저장시설이다. 유적지는 동서 1,140m, 남북 355m에 이르며 그 안에 700여 개의 원형 곡식 창고가 있었다. 창고는 윗부분이 넓고 바닥이 좁은 항아리 모양으로, 큰 것은 지름이 18m, 깊이는 12m 정도였다. 하나의 저장고에는 평균 275톤의 미곡이 저장되었다. 《통전(通典)》에 따르면, 당 현종 8년에 총저장량은 약 583만 3,400석에 이르렀다고 한다.

· 1970년대에 회락창 발굴 작업이 이루어졌다.

창고를 만들 때는 먼저 기반을 견고하게 다지고 대형 원형 구덩이를 판다음, 그 벽면에 찰흙을 바르고 불로 구워 건조시킨 뒤 청고니(靑膏泥)라 불리는 푸르스름한 고령토를 덧바른다. 마지막으로 바닥에 목판과 대자리를 깔면 완성된다. 이러한 공법으로 만들어진 창고에 곡식을 보관하면 쉽게 곰팡이가 생기지 않고 보통 9년간 보존할 수 있었다고 한다. 이곳에서는 곡식의 품종, 저장 날짜, 수량, 출처 등을 벽돌 한 장에 새겨서 함께 묻어 두고, 곡식을 꺼낼 때 해당 기록과 하나하나 대조하여 관리의 정확성을 기했다고 한다.

· 수양제가 건설한 대운하를 통해 뤄양으로 운반된 곡식을 저장하기 위해 이 창고가 만들어졌다.

· 원형 곡식 창고가 10m 간격으로 줄지어 있다.

· 조운에 사용된 물길

텐쯔자류(천자가육)박물관은 2002년 뤄양 문화광장을 조성하는 과정에서 발견된 동주 시대의 차마갱 유적 위에 세워졌다. 약 1만 6,000㎡에 이르는 규모의 이 차마갱 유적은 주나라 천자의 능묘에 순장된 말과 수레가 묻힌 곳으로 알려져 있다. 현재까지 390여 점의 유물과 18기의 차마갱이 확인되었다.

이 가운데 길이 42m, 너비 7m에 이르는 북쪽 유구에서 수십 마리의 말 유골과 수레, 도자기 등이 출토되었는데, 그중에서도 여섯 마리의 말이 끄는 수레 화석이 이목을 끈다. 이는 중국 고대 문헌에 나오는 '하상주 시대의 천자는 6필의 말이 끄는 마차를 탄다'라는 이른바 천자가육(天子駕六)설을 고고학적으로 입증한 중요한 유적으로 평가된다.

· 6필의 말이 끄는 수레 동상은 텐쯔자류 박물관의 상징이다.
· 천자가육설을 확인시켜 준 6필의 말이 끄는 수레 화석

뤄양구무(낙양고묘)박물관은 뤄양 동북쪽에 있는 망산(邙山) 자락에 위치하며, 뤄양에서 발굴된 역대 제왕과 귀족의 능묘와 무덤을 한데 모아 전시한 곳이다. 중국의 옛말에 "소주와 항주에서 태어나 망산에서 죽는다."라는 말이 있다. 망산은 죽은 뒤에 안주하는 낙토로, 이곳에 묻힐 수 있다면 가문의 영광이라고 여겼다. 그만큼 망산에는 무덤의 수량이 많다. 뤄양 일대에 산재한 고묘(古墓) 가운데 특별한 가치를 지닌 묘를 보호하고 대중에 공개하고자 박물관을 개관하였다.

· 뤄양구무박물관 입구
· 다양한 왕조의 무덤 관련 유물을 전시해 두어 다채롭다.

지하 전시 구역에는 위와 진, 서한과 동한, 당과 송의 시대로 나누어 대표적인 묘 25기를 이전하여 복원해 두고 유물들을 전시하였다. 서한 시대의 화상석묘, 전축다실벽화묘, 당나라의 전실묘 등 다양한 묘의 형태와 장례 문화를 볼 수 있다. 역대 왕조의 묘와 관련 유물들은 각기 형태나 규모, 구조, 매장 방식 등이 달라서 시대별로 정치 체제, 철학 사상, 건축 기술, 장례 풍속 등을 비교 연구하는 데 중요한 가치를 지닌다.

· 무덤 묘실에 그려진 벽화를 이전 복원한 모습
· 무덤에 쓰인 다양한 장식
· 당시 사람들의 얼굴 모습과 옷차림도 볼 수 있다.

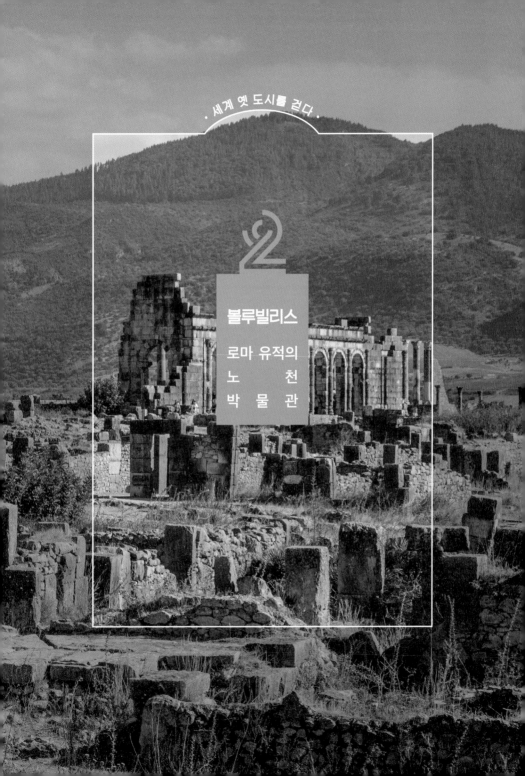

02

볼루빌리스

로마 유적의
노   천
박 물 관

볼루빌리스는 모로코의 북동쪽 리프산맥을 넘어 지중해 연안과 가까운 평원에 위치한 고대 로마 유적지이다. 투기장, 공중 욕장, 신전, 개선문, 기념 주랑, 주택 등 로마 시대의 다양한 건축물이 잘 보존되어 있어 1997년 유네스코 세계문화유산으로 등재되었다.

볼루빌리스는 본래 기원전 3세기 무렵 베르베르인이 이 지역에 정착하면서 카르타고의 전략적 요충지가 되었고, 이후 모리타니아 왕국의 수도로 발전하였다. 그러다 서기 40년경부터 로마가 이곳을 점령하면서 본격적인 도시 확장이 이루어졌고 로마식 건축 양식이 도입되었다. 카라칼라 황제를 위한 개선문이 세워진 217년경 절정기를 이루었으나, 3세기 후반에 로마군이 후퇴하면서 점차 쇠퇴의 길을 걷게 되었다.

이후 788년경 이슬람 왕조의 창시자인 물레이 이드리스 1세가 이곳을 일시적 수도로 사용하면서 이슬람화되었으나, 8세기경 발생한 지진으로 대부분 파괴되어 묻힌 도시가 되어 버렸다. 여기에다 인근에 새로운 도시 메크네스가 세워지면서 볼루빌리스에 있던 많은 건축 유적이 헐어져 건축 자재로 재사용되었다. 현재 남아 있는 유적은 바실리카, 모자이크 바닥, 개선문 등이 대표적이다.

1915년부터 1920년대까지 프랑스의 주도로 발굴 조사가 광범위하게 이루어졌으며, 이후 한동안 방치되었다가 2000년부터는 영국 런던대학과 모로코 국립고고학연구소에서 재발굴 조사를 진행하고 있다.

볼루빌리스에서 발견된 모자이크는 오늘날 모로코의 모자이크 타일에 그대로 전승되어 독특한 전통 타일로 발전하였고, 이 지역의 주요 산업으로 자리 잡았다. 현재 이곳에서 발굴된 유물들은 모로코의 수도 라바트에 있는 국립고고학박물관에 전시되어 있다.

사라진 도시로 여겨졌던 볼루빌리스는 1915년부터 프랑스와 영국에 의해 수년간 발굴 작업이 진행되었고, 그 결과 로마 시대 도시의 흔적이 세상에 드러났다. 유적지 면적은 약 30만m^2에 달할 만큼 광범위하며, 과거 지진과 자재 반출을 겪으면서 많은 부분이 훼손되었으나 터 자체는 비교적 온전하게 남아 있다. 이를 인위적으로 복원하지 않고 그대로 보존, 관리하고 있다. 비가 오는 날에 유적지를 걷노라면 어딘가 살짝 을씨년스러운 분위기가 느껴지기도 하지만, 유적 사이사이에 서 있는 사이프러스 나무들이 깊은 인상을 남긴다.

넓은 대지 위에 펼쳐진 로마의 옛 도시 중심부에는 기둥만 남은 신전이 있다. 신전의 건축 양식은 실용적이면서도 웅장하다. 기둥의 상부에서 잎사귀를 묶은 듯한 섬세한 조각이 특징인 코린트 양식을 볼 수 있다.

· 볼루빌리스의 바실리카

· 볼루빌리스의 신전. 코린트 양식의 기둥이 남아 있다.
· 허물어진 채로 남겨진 로마 도시 유적

· 도시의 중심 대로
· 아치 구조가 잘 드러난 카라칼라 개선문

모자이크 타일은 주로 관청이나 귀족 저택의 바닥과 벽면을 장식하는 데 사용되었다. 볼루빌리스에서 발견된 모자이크는 세계 최고 수준이라 할 만큼 정교하고 아름다우며 그 기법 또한 뛰어나다. 이 시기에 제작된 타일은 흙을 반죽하여 유약 없이 약 1,000℃의 고온에서 구워 성형하거나 자연석을 깎아 제작한 것이다. 모자이크 타일로 기하학적 무늬, 사람과 동물의 형상, 활로 새를 사냥하는 모습, 투우 장면 등을 생생하게 표현하였다.

· 아름답고 정교한 모자이크 장식들

대욕장은 단순히 목욕만을 위한 공간이 아니라 사회적 교류의 장으로도 기능하였다. 냉탕과 온탕 등으로 나뉜 목욕 시설 외에 상점, 도서관 등이 함께 자리해 있었고, 이곳에서는 모여서 대화를 나누고, 강연을 듣거나 체육활동을 하는 등 다양한 여가와 문화 활동이 이루어졌다. 그야말로 고대의 종합 레저시설이라 할 수 있다.

· 모자이크로 꾸며진 욕장 바닥
· 고대 로마의 문화를 잘 보여 주는 공중 욕장 유적

주택 유적은 고대 로마인들의 생활상과 주거 환경을 엿볼 수 있게 해 준다. 건물 배치는 일반적으로 앞쪽에 중정을 두고 그 안쪽에 주실과 측실을 배치하는 구조로 이루어져 있다. 기본적으로 일반 석재로 벽체를 쌓고, 주요 공간에는 사각 면석을 사용해 틀을 만들어 더욱 견고하게 축조하였다.

볼루빌리스에서는 고급 주택의 흔적도 다수 발견되었는데, 내부는 정원과 중앙 홀을 중심으로 구성되어 있고, 바닥은 세련된 모자이크 장식으로 꾸며져 있다. 이러한 유적은 로마 시대 상류층의 생활 수준을 짐작할 수 있게 해 주는 중요한 단서가 된다.

· 사각기둥 사이에 돌을 쌓아 벽체를 이루었다.

· 로마 시대의 집터. 남겨진 기둥으로 주택의 규모를 파악할 수 있다.

세계 옛 도시를 걷다

체스터

로 마 와
빅 토 리 아
시대의 공존

체스터는 맨체스터, 리버풀 등의 도시와 함께 아이리시해로 흘러드는 디강 하류의 작은 언덕 위에 자리한 도시다.

로마 시대에 웨일스를 공략하기 위하여 이곳에 보병 20군단을 배치하면서 데바(Deva)라는 이름으로 알려진 로마의 중요 도시였다. 로마 제국의 쇠퇴 이후 한동안 방치되었던 이 도시는 10세기 무렵 머시아인의 거주지가 되면서 활기를 되찾았다. 이 시기 체스터는 웨일스, 아일랜드 등과의 활발한 교역 활동을 통해 상업적으로 번영하였고 자체 조폐소까지 운영할 정도로 성장하였다.

11세기 후반 윌리엄 1세의 잉글랜드 정복 이후 체스터는 왕의 직속령에서 벗어나 백작령으로 전환되었고, 특권 도시의 지위를 얻었다. 그러나 13세기에 다시 왕의 직접 통치하에 놓이게 되었다.

14세기부터 아일랜드와의 교역을 통해 도시 발전이 절정을 이루었지만 디강 하구의 퇴적으로 항구 기능이 점차 약화되면서 리버풀에 밀려나게 되었다. 이후 운하 건설과 철도 부설로 새로운 물류 운반로를 확보하였고, 풍부한 노동력을 바탕으로 산업혁명의 중심 도시로 다시 한번 도약하였다.

현재는 행정 중심 도시로 기능하며 관광, 금융 서비스, 소매업을 주력 산업으로 하는 구조를 갖추고 있다. 또한 영국 최대 규모의 동물원이 있어 많은 사람이 찾는 도시이기도 하다.

드와 로마 시대 체험관(Dewa Roman Experience)은 고대 로마 시대 체스터 지역의 역사와 생활상을 살펴보고 직접 체험해 볼 수 있는 전시 공간이다. 로마인들이 세운 도시 체스터는 잉글랜드에서 로마 시대의 다양한 유적이 남아 있는 몇 안 되는 도시 중 하나로, 지하나 북동쪽 성벽 아래에서 로마 시대의 유적과 유물들이 지속적으로 발견되고 있다. 그래서 건설 공사를 할 때는 우선 발굴 조사를 거친 후에 지하에서 유적이 발견될 경우 보호 시설을 설치하여 출토된 유물을 진열해 두고 그 위에 건축하고 있다. 특별히 보존을 위한 과학적 처리를 하기보다는 건설 자재를 설치하여 유적이 훼손되지 않도록 보호한다. 이 체험관에서는 로마 시대 도자기를 직접 만져 보고, 갑옷과 투구를 착용해 보는 등 체험형 관람을 할 수 있으며 유적 발굴 현장도 보존되어 있다.

· 체험관 입구를 안내하는 입간판
· 드와 로마 시대 체험관 건물

· 질그릇과 모자이크 타일 등 다양한 로마 시대 유물이 전시되어 있다.

· 지하의 로마 유적

· 체험할 수 있게 꾸며진 공간

체스터의 로마 원형 경기장은 영국에서는 보기 드문 고대 로마 시대의 경기장 유적이다. 로마 요새가 세워진 1세기경에 건설된 것으로 추정되며 약 7천 명을 수용할 수 있었던 대규모 경기장이었다. 이곳에서는 군사 훈련과 검투 경기 등의 행사가 열렸다고 한다. 현재 경기장의 일부는 발굴되어 그대로 노출해 두었으며, 나머지 미발굴 구역은 여전히 현대 건물 아래에 묻혀 있다.

· 발굴된 원형 경기장 유적 일부와 원래의 모습을 재현한 모형

체스터 성당은 660년경 머시아 왕국의 왕 울프헤레에 의해 처음 건립된 기독교 성소에 그 기원을 둔다. 초창기에는 성 밖에 위치하였으나 11세기에 비로소 성 안쪽으로 자리를 옮기면서 도시의 신앙 중심지로 자리 잡았다.

1209년에는 로마네스크 양식의 수도원이 추가로 건축되었고, 13세기 후반부터 고딕 양식으로 개조하는 공사가 대대적으로 이루어졌다. 그리하여 현재의 성당은 로마네스크와 고딕 요소가 조화를 이루는 독특한 건축미를 보여 준다.

그러나 16세기 중엽, 헨리 8세가 수도원 해산을 명령함에 따라 1540년에 폐쇄되었고, 그 과정에서 건물 일부가 손상되었다. 이후 1868년부터 빅토리아 시대의 대표적 건축가인 조지 길버트 스콧의 지휘로 복구 공사가 이루어졌으며 지금과 같은 형태를 갖추게 되었다.

체스터 성당 내부에는 875년에 이곳으로 옮겨진 성녀 워버그의 유해가 안치되어 있고, 웨식스의 왕 앨프레드의 딸도 이곳에 묻혔다. 그로브너 가문의 대주교 묘도 성당 내에 자리한다.

체스터 성당은 영국 교회 건축의 걸작으로 꼽히며, 특히 화려한 스테인드글라스와 정교한 목조 합창석, 역사 깊은 수도원 회랑이 인상적이다.

· 체스터 성당
· 아름다운 성당 내부(출처: 위키미디어 공용)

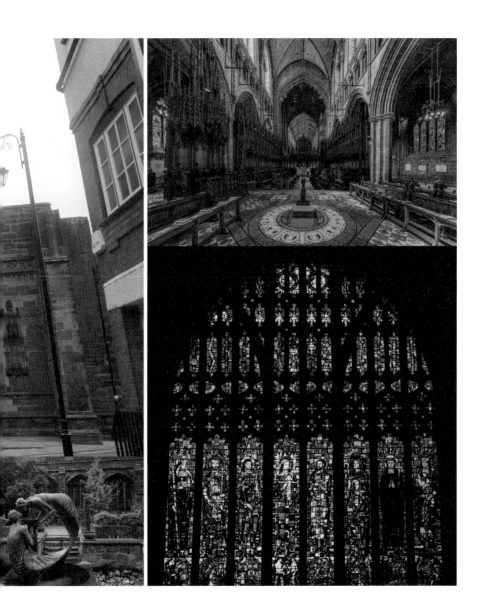

체스터 중심 거리에 가면 줄지어 늘어선 흑백 건물들이 눈길을 끈다. 흑백이 선명하게 대비되는 목재 골조 구조가 특징적인 이 건물들은 대부분 튜더 양식을 복원한 것으로, 빅토리아 여왕의 재위 기간(1837~1901년)인 빅토리아 시대에 재건된 건물이다. 미술사학자이자 건축가인 니콜라우스 페브스너는 이를 '흑백 르네상스'라 불렀다.

또한 체스터 시내에는 오래된 성벽이 잘 보존되어 있다. 약 3km 길이의 체스터 성벽은 로마 시대에 처음 건설된 후 노르만 시대와 중세를 거치며 여러 차례 보강 및 재건되었으며, 도시를 둘러싼 주요 방어선 역할을 하였다. 현재 체스터 성벽은 산책로로 이용할 수 있게 개방되어 있어, 방문객들은 성벽 위를 걸으며 체스터의 아름다운 전경과 역사적 건축물들을 감상할 수 있다.

· 체스터 거리의 흑백 건물들

· 체스터의 랜드마크인 이스트 게이트 시계탑. 빅토리아 시대의 유산이다.
· 잘 보존된 체스터 성벽

4.

가나자와

다 이 묘 의
전통을 잇는
풍   요

가나자와는 동해를 사이에 두고 한반도와 마주하는 일본 연안의 도시로, 일본 전통문화와 옛 모습이 잘 간직된 곳이다. 메이지 유신 직후까지 교토, 오사카, 도쿄, 나고야와 함께 일본 5대 도시로 꼽혔다.

에도 시대에 도요토미 히데요시의 부하이자 두 번째로 큰 다이묘였던 마에다 도시이에가 도시의 기초를 세웠고, 이후 마에다 가문이 약 300년간 통치를 이어 오면서 풍요롭고 격조 높은 문화를 꽃피웠다.

도시 중심에는 마에다 가문의 본성이 자리 잡고 있으며, 그 아래로는 복잡한 골목이 형성되어 있고, 전통 격식을 갖춘 무사의 저택과 민가가 어우러져 있다.

가나자와에서는 오랫동안 이어져 온 일본 최고의 금박 공예와 염색 기법을 비롯하여 다도, 전통 요리, 화과자 등의 전통문화가 오늘날에도 계속해서 육성되고 있다. 그뿐만 아니라 게이샤들이 악기를 연주하고 춤을 추면서 술과 식사를 함께 하는 전통찻집 거리가 여전히 남아 있어 전통적인 게이샤 문화를 체험할 수 있다.

현대에 들어서는 문학관, 초현대식 미술관, 역사박물관 등이 조성되어 일본의 문화 예술을 선도하는 도시이자 창조 도시로 자리매김하고 있다.

한편, 우리에게는 특별한 의미를 지닌 도시이기도 하다. 윤봉길 의사가 1932년 상하이 홍커우 공원에서 거사를 치른 뒤 체포되어 그해 12월 19일에 총살형으로 순국한 곳이 가나자와였다.

겐로쿠엔[兼六園]은 일본 정원의 진수를 보여 주는 대표적인 명원으로, 1596년 제2대 다이묘인 마에다 도시나가에 의해 가나자와 외곽에 조성되기 시작하였다.

겐로쿠엔이라는 명칭에는 중국 송나라 시대의 고전 《낙양명원기(洛陽名園記)》에 등장하는 이상적인 정원의 여섯 가지 조건을 모두 갖추었다는 뜻이 담겨 있다. 그 여섯 조건은 '굉대(宏大, 넓고 웅장함), 유수(幽邃, 깊고 그윽함), 인력(人力, 사람의 손길이 더해진 정성), 창고(蒼古, 고풍스러움), 수천(水泉, 물이 흐름), 조망(眺望, 경치를 감상할 수 있음)'이다.

가이유식[回遊式(회유식)] 정원으로 설계되어, 곳곳에 연못과 폭포를 조성하고 수목을 심어 정원을 거닐며 아름다운 풍경을 즐기도록 하였다.

겐로쿠엔은 면적이 약 11만㎡로 일본 3대 정원에 속하며, 무려 170여 년에 걸쳐 조성되었다고 하니, 그 정성이 대단한 곳이다.

수로는 나무 사이로 정밀하게 설계되어 굽이굽이 흐르고, 고도차가 없는 지형에서는 물을 끌어들여 폭포를 조성하였다. 이러한 수로와 폭포의 조성 방식은 오늘날의 조경 기술로도 구현하기 어려울 만큼 정교하여 일본 전통 조경 기술의 정점으로 평가된다.

여섯 가지 조건을 갖춘 아름다운 정원 겐로쿠엔

가나자와성은 다이묘의 권위와 영광이 깃든 곳이다. 1580년에 무장 사쿠마 모리마사가 처음 성을 건축하고 가나자와성이라 명명하였다. 1583년 시즈가타케 전투에서 승리한 마에다 도시이에가 성에 입성하였고, 1592년에는 그의 아들 마에다 도시나가가 성을 대대적으로 수리하고 확장하였다. 1602년에는 낙뢰로 인해 천수각이 소실되었고 이후 그 자리에는 3층짜리 망루가 세워졌다.

성은 시대의 흐름에 따라 다양한 용도로 활용되었는데, 1875년에는 일본 육군 제7연대가 성에 주둔하기도 하였다.

· 가나자와성(출처: 위키미디어 공용)

1881년 화재로 인해 성의 상당 부분이 소실된 이후 여러 차례 복원 작업이 이루어졌다. 특히 2001년에는 망루, 문루, 해자와 성문 등 주요 구조물을 복원하였고, 현재는 도시공원으로 지정되어 관리되고 있다.

성의 복원 과정에서는 수집된 옛 기록과 유물 등을 바탕으로 철저한 고증을 거쳤다. 성벽의 석축은 과거의 것과 새로 쌓은 부분을 구분하였으며, 이해를 돕고자 관람 동선에 성돌 일부를 놓아 두었다. 관람로에 매일 오전 10시에 자동으로 작동되는 스프링클러를 설치하여 물청소하는 독특한 시스템을 도입한 점도 인상적이다.

· 말끔히 복원된 해자와 성벽
· 성벽 쌓는 방식을 설명해 두었다.
· 관람 동선에 배치해 둔 성돌
· 바닥을 자동으로 청소하는 스프링클러 시스템

가나자와 21세기 미술관은 현대 미술을 중심으로 다양한 예술 작품을 전시하는 공간이며, 미술관 건축 자체도 하나의 예술로 평가받고 있다. '개방성'과 '자유로움'이라는 개념을 완전한 원형 구조의 건물로 구현하였다. 어느 방향에서나 내부로 진입할 수 있는 360도 접근 가능성을 강조하며, 전통적인 동선 개념을 배제하여 관람객의 움직임을 강제하지 않는다. 벽면은 대부분 유리로 마감되어 실내와 실외가 시각적으로 이어지는 투명하고 개방적인 공간을 만들어 낸다.

· 완전한 원형 구조의 가나자와 21세기
미술관(출처: 위키미디어 공용)

가나자와 시립 야스에 금박 공예관은 가나자와를 대표하는 전통 공예품인 금박 작품들을 볼 수 있는 곳이다. 고명한 금박 장인 야스에 고메이가 수집 보관한 금박 제조 용구와 미술 공예품을 중심으로 전시하고 있다.

이 공예관은 전통 공예와 현대적 창의성이 결합하여 새로운 경제적 가치를 창출할 수 있음을 보여 준다. 공예관에서는 원석에서 추출된 금을 원료로 하여 금박을 만드는 일련의 제조 과정을 단계별로 관람할 수 있다. 금박을 입힌 다양한 작품을 전시하며, 전통적 금박 기법을 현대적이고 창의적인 시각으로 재해석한 작품을 통해 전통 공예의 무한한 가능성을 느낄 수 있다.

· 금박 공예관 외부 모습(출처: 위키미디어 공용)
· 금빛이 나도록 꾸민 내부 공간
· 금박 제조 과정과 금박 작품을 전시해 놓았다.

나가마치 무가 저택 옛터[長町武家屋敷跡]는 에도 시대 무사(사무라이)들이 살았던 저택들이 모여 있는 거리로, 옛 모습이 잘 보존되어 있어 마치 타임머신을 타고 에도 시대로 돌아간 듯한 느낌을 준다. 구불구불하고 좁은 조약돌 골목길을 따라 흙담으로 둘러싸인 전통 가옥들이 늘어서 있다. 거리 사이로는 에도 시대에 물자를 운반하고 생활용수를 공급하던 작은 수로가 흐르고 있다. 정갈하게 정리된 정원과 수로는 거리 풍경과 어우러져 옛 정취를 한층 더해 준다.

· 무사들의 저택 거리를 알리는 표지

· 깔끔하게 정비된 나가마치 무사 마을

· 세계 옛 도시를 걷다 ·

5

카르카손

잘 짜 인
중 세 의
모 습

카르카손은 프랑스 남부 옥시타니 지역에 있는 요새 도시로, 오드주의 주도이다. 피레네산맥에 자리한 이 도시에서는 오래전부터 이슬람 세력과 기독교 세력 간의 전쟁이 자주 발생하여 중요한 군사적 요새로 활용되어 왔다.

이 도시의 기원은 로마 제국 시대로 거슬러 올라간다. 당시 로마는 이곳에 군사기지를 건설하며 도시의 기반을 마련하였다. 서기 462년 서고트족의 왕 테오도리크 2세에게 잠시 정복되기도 하였지만, 이곳의 셉티마니아 왕국이 방어 체계를 굳건히 유지한 덕분에 위기를 극복하였다.

현재의 카르카손은 오드강을 기준으로 강 남쪽 평지에 자리한 바스티드 생 루이(Bastide Saint Louis)라는 아랫마을과 언덕 위에 위치한 고대 성곽 마을인 시테(Cite)로 나뉘어 있다.

카르카손이라는 이름은 '카르카스의 승리'라는 뜻인데, 이에 관한 재미난 전설이 전해진다. 이슬람의 지배하에 있던 시절, 사라센 왕 발탁의 부인 카르카스는 프랑크 왕국의 군대가 몇 달간 성을 포위하고 있자, 식량이 거의 바닥났음에도 이 사실을 감추기 위해 마지막 남은 돼지에게 곡식을 잔뜩 먹여 배를 불린 뒤 일부러 성 밖의 적군 앞에 떨어뜨렸다. 이때 돼지 배에서 터져 나온 알곡을 본 프랑크 왕은 성안에 여전히 식량이 풍부하다고 판단하여 포위 작전이 성공하지 못하리라 짐작하고는 병사를 철수시켰다고 한다.

12세기에 카르카손은 체계적으로 성곽이 구축되면서 최전성기를 구가하였다. 고딕 양식의 유리창으로 유명한 생나제르(Saint-Nazaire) 대성당이 지어진 것도 이 시기였다. 13세기에 루이 9세는 도시를 에워싼 성곽을 더욱 강화하여 지금 우리가 볼 수 있는 웅장한 카르카손 성채를 완성하였다.

그러나 1659년 피레네조약으로 도시의 군사적 중요성이 사라지면서 점차 쇠퇴해 갔다. 그러다 19세기 중반에 복원 운동이 일어나 고딕 양식의 화려한 건축물과 성곽이 다시 정비되었고, 오늘날 관광 명소로 사랑받고 있다.

시테성은 52개의 탑과 두 겹의 성벽으로 이루어진 중세의 성채이다. 로마 시대 성곽이 대부분 질서 정연한 장방형 구조인 데 비해 시테 성벽은 자연 지형을 따라 축조한 반타원형이다. 성채 외곽에는 해자가 둘러져 있으며, 이중 성벽으로 둘러싸인 복곽성이다. 성 내부에는 주거지와 교회, 공동 시설 등이 갖춰져 있다.

· 내성과 외성의 이중 성벽을 갖춘 구조이다.
· 입구에 사라센 왕비 카르카스의 석상이 세워져 있다.

웅장하고 견고한 성곽임에도 불구하고, 1209년 알비파 신자들과 십자군 간의 알비겐저 전쟁에서 십자군의 공격을 받아 함락되기도 하였다. 이후 1240년대에 루이 9세가 성곽 재건에 착수하였고, 그의 아들 필리프 3세가 이를 이어받아 탑과 망루, 총안 등을 설치하고 외성벽을 완성하여 지금의 복곽성 구조를 갖추게 되었다.

외성의 길이는 약 1,650m이고, 내성의 길이는 1,250m이며 성벽의 높이는 최대 15m에 달한다. 효과적인 방어와 감시를 위한 구조로 외곽 성벽에는 바깥으로 돌출된 반원형의 탑을 두고, 내곽 성벽의 모서리 지점에는 원형의 탑을 두었다.

· 가히 철옹성이라 할 만한 위용을 자랑한다.

시테성은 19세기 중반 프랑스 정부의 도시 개발 계획으로 인해 철거 위기에 놓였으나, 소설가이자 역사학자인 프로스페르 메리메의 강력한 반대와 노력 덕분에 보존되었다. 그 후 복원 전문가와 고고학자들이 참여하여 시테성 복원 작업이 이루어졌다. 그 과정에서 중세 성곽의 원형에 고딕 양식이 접목되어 일부 첨탑과 성채의 디테일이 변화되었다. 특히 시테성의 상징적인 첨탑은 복원 공사를 하면서 원래의 탑 위에 높다란 삼각뿔 형태의 지붕을 덧씌우는 방식으로 재구성되어 지금의 인상적인 외관을 갖추었다.

· 삼각뿔 형태의 지붕이 추가된 첨탑. 높이 솟은 성벽 옆을 걸으면 마치 중세로 온 듯한 착각에 빠진다.
· 옛 모습을 간직한 시테성 내부

현재 시테성 안쪽 마을에는 약 100여 가구가 실제로 거주하고 있다. 마을 주민들은 성내 골목길을 따라 늘어선 기념품점, 카페, 레스토랑, 호텔 등을 운영하고 있다. 활기찬 생활 공간이자 살아 있는 역사 유산인 카르카손 시테성은 유네스코 세계문화유산으로 지정되어 있으며, 보존과 관리를 전담하는 공식 기구가 존재한다.

· 시테성 내부 마을 풍경

콩탈성은 시테성 요새 속 또 하나의 요새로, 거대한 해자를 건너 마주하게 되는 직사각형의 성이다. 콩탈성의 규모는 길이가 약 80m, 너비가 약 30m이다. 외부에서 성으로 들어가려면 거대한 아치형 돌다리를 건너야 한다. 성채 상부에 목재로 만든 돌출된 여장을 설치하여 마치 영화 세트장처럼 보인다. 하지만 이러한 과도한 재현은 지나친 복원이라는 비판을 받기도 하였다.

· 약 50m 길이의 돌다리를 건너야 콩탈성으로 들어갈 수 있다.
· 성채 상부에 설치된 여장. 과도한 복원으로 논란이 되기도 하였다.
· 또 하나의 성채 콩탈성

생나제르 대성당은 카르카손 성곽 내 구시가지에 자리한다. 1096년부터 건립되기 시작하여 14세기까지 오랜 기간에 걸쳐 완성되었다. 초기에는 로마네스크 양식으로 지어졌고, 이후 고딕 양식으로 개조되어 두 양식이 조화를 이룬다. 넓은 회랑이 있는 로마네스크 양식의 십자형 본당과 세련되고 우아한 곡선미가 돋보이는 고딕 양식의 반원형 제단이 특징적이다. 화려한 스테인드글라스가 성당 내부를 신비로운 색채로 물들여 방문객의 감탄을 자아낸다.

· 로마네스크 양식과 고딕 양식이 조화를 이룬 생나제르 대성당

· 대성당의 아름다운 내부 모습
  (출처: 위키미디어 공용)

06

요 크

잉 글 랜 드
다 운
잉 글 랜 드

요크는 잉글랜드 북부 노스요크셔의 주도로, 우즈강과 포스강이 만나는 지점에 위치하며 런던과 에든버러의 중간 지점에 자리 잡고 있다. 흔히 알고 있는 미국의 뉴욕은 '새로운(New) 요크(York)'라는 뜻을 담고 있는데, 이는 뉴욕을 정복한 제임스 2세가 요크 공작이었던 데서 비롯되었다.

요크의 역사는 서기 71년 로마군이 원주민인 켈트족을 몰아내고 이 지역을 점령하여 요새와 성벽을 쌓아 군사적 거점 도시를 세운 데서 시작되었으며, 당시에는 에보라쿰이라 불렸다.

5세기경에는 앵글로색슨족이 세운 국가인 노섬브리아의 영토가 되었다가 9세기 말경 바이킹의 대대적인 습격을 받아 점령당하였다. 이때 도시 이름은 요르비크로 바뀌었고, 이는 요크라는 이름의 어원이 되었다.

중세 시대에 들어서 요크는 통일된 잉글랜드의 주요 도시로 성장하였고 대성당 같은 중요 건축물들이 세워졌다. 이후 에드워드 3세의 아들 에드먼드가 요크셔 지방을 분봉받아 초대 요크 공작에 등극하였다. 이 가문은 15세기에만 잉글랜드의 왕을 3명이나 배출하였다. 이 시기 요크는 요크셔 지방의 수도 같은 역할을 할 정도로 발전하였다.

요크는 '영국의 피렌체'라 불릴 만큼 중세 도시의 원형을 잘 간직하고 있다. 잉글랜드 최대의 고딕 양식 건축물인 요크 민스터(York Minster, 세인트 피터 성당)를 비롯하여 길드홀(Guildhall), 머천트 어드벤처러스 홀(Merchant Adventurers' Hall), 클리퍼드 타워(Clifford's Tower) 등 역사적인 명소들이 도시 곳곳에 자리하고 있다.

오늘날 요크는 영국 철도의 교차점으로 세계 최대 규모의 철도박물관이 있으며, 철도 관련 산업과 제과 산업 및 관광 산업이 도시 경제에서 큰 비중을 차지하고 있다.

요크 민스터는 요크의 상징이자 영국에서 가장 큰 고딕 양식의 대성당이다. 영국 성공회에서 두 번째로 서열이 높은 대주교가 머무는 곳이기도 하다.

이 성당의 기원은 7세기경 노섬브리아의 에드윈 왕이 세례를 받을 장소로 지어진 작은 목조 교회에 뿌리를 두고 있다. 이후 교회는 더 큰 규모의 석조 건물로 재건축되었으나 1069년 노르만인들이 요크를 포위했을 때 큰 손상을 입었다. 1220년부터 고딕 양식의 새로운 성당으로 지어지기 시작하여 1472년에 주요 건축이 마무리되었고, 이후로도 몇 차례의 복원과 보수 작업을 거쳐 지금의 모습을 이루었다.

요크 민스터의 첨탑은 약 71m에 달하는 높이를 자랑하며, 아치형의 천장 구조가 돋보인다. 성당 내부는 상징적이고 정교한 조각과 벽화로 장식되어 있으며, 스테인드글라스는 성스럽고 신비스러운 분위기를 자아낸다.

· 많은 사람이 찾는 요크 민스터
· 아름다운 성당 내부(출처: 위키미디어 공용)

· 요크 민스터에는 성직자, 왕족, 귀족 등 중요한 인물들의 무덤이 유난히 많다.

요크 민스터의 스테인드글라스는 규모가 크고 아름답기로 유명하다. 단순한 장식 역할을 넘어 기독교 신앙의 가르침을 시각적으로 전달하는 유용한 도구로 사용되었다.

1408년에 완성된 동쪽 창(East Window)의 스테인드글라스는 영국에서 가장 큰 규모로, 높이가 13.7m, 너비가 9.4m에 달한다. 다양한 성경 이야기를 풀어 화려한 색상의 유리로 정교하게 표현하였다.

서쪽에 있는 장미 창(Rose Window)은 원형의 스테인드글라스 창으로, 흰 장미와 붉은 장미가 표현되어 있는데, 이는 각각 요크 가문과 랭커스터 가문을 상징한다. 장미전쟁을 벌인 두 가문은 엘리자베스와 헨리 7세의 결혼으로 동맹을 맺으며 전쟁을 종결지었다.

· 장미 창(출처: 위키미디어 공용)

클리퍼드 타워는 요크성의 일부로 세워진 중세 시대의 타워이다. 요크성은 1068년 윌리엄 1세에 의해 목조 성으로 축조되었으나, 1190년 유대인 대학살 당시 불에 타 소실되었고, 13세기 중반에 석축성으로 재건되었다.

1322년 에드워드 2세에게 반기를 들었던 로저 드 클리퍼드(Roger de Clifford)가 이곳에서 교수형을 당한 사건 이후로 그의 이름을 따서 클리퍼드 타워로 불리게 되었다. 원래 클리퍼드 타워는 요크성의 방어적 기능을 담당하였던 중요한 구조물이었으며, 이후에는 감옥이나 처형장으로 이용되기도 하였다.

타워는 높은 둔덕 위에 위치해 있어, 정상에 올라서면 요크 시내가 한눈에 내려다보인다.

· 클리퍼드 타워
· 타워 내부(출처: 위키미디어 공용)

샴블즈(Shambles) 거리는 중세 도시의 고풍스러운 분위기가 잘 보존된 매력적인 상업 거리다. 좁고 구불구불한 길에 고대 건축 양식의 건물들이 늘어서 있다. 해리포터에 등장하는 다이애건 앨리(Diagon Alley)가 이 거리를 모델로 한 것으로 알려져 해리포터 팬들에게도 유명한 장소이다. 기념품 가게와 독특한 상점을 구경하며 시간을 보낼 수 있고, 전통 시장이 있어 많은 관광객이 찾는 곳이다.

· 샴블즈 거리
· 샴블즈 마켓

에보라

죽 음 의
안식처에서
삶 을 찾 다

에보라는 포르투갈 동남부 알렌테주 지역의 주도이다. 넓은 평원 한가운데 자리하여 목초지와 삼림지대가 광범위하게 펼쳐져 있고, 포도와 올리브가 많이 생산된다.

유럽의 도시들은 18세기부터 도시 확장을 모색하는 과정에서 고대 성벽을 허물지, 보존할지 선택하는 기로에 섰다. 파리나 로마는 근대화를 위해 성벽을 철거한 반면, 에보라는 보존을 결정하였다. 그 결과 현대적인 발전에서는 조금 뒤처졌지만, 그 대신 역사적 가치와 매력을 고스란히 간직한 도시로 남아 있다.

기원전 57년 에보라는 로마의 지배 아래 성벽으로 둘러싸인 중요한 상업 도시로 번성하였고, 715년부터 1165년까지는 무어인의 지배를 받았다. 1166년, 포르투갈의 초대 왕 아폰수 1세가 에보라를 정복한 이후 포르투갈 왕국의 중요 도시로 발전을 거듭하였다. 특히 15세기에 절정을 이루어 궁과 수도원, 교회 등이 지어졌고, 대학이 생겨나 학자와 예술가들이 모여들었다. 대항해 시대에는 거점 도시 역할을 하여 대륙을 개척한 마젤란, 페드루 알바르스 카브랄, 바스쿠 다가마의 동상이 있다.

에보라에는 로마 시대의 성벽이 6㎞ 정도 남아 있으며, 성안 마을에는 로마, 중세, 현대의 건물들이 어우러져 독특한 풍경을 이루고 있다. 12세기에 건축된 대성당을 비롯하여 고딕, 로마네스크 양식의 건축물들과 마누엘 양식의 수도원 등은 건축적 가치가 높으며, 에보라를 포르투갈 건축의 중심지로 자리매김하게 하였다. 마누엘 양식은 16세기 초, 브라질의 건축에도 영향을 주었다.

에보라는 잘 보존된 역사 도시로, 볼거리가 풍부한 명소들이 즐비하여 '박물관 도시'로 불릴 정도다. 마을 내의 좁은 골목길과 도로 사이에 각종 조각품과 신전 등이 잘 남아 있으며, 그 가치가 높게 평가되어 유네스코 세계문화유산으로 지정되었다.

마누엘 왕궁은 에보라가 중세 포르투갈 왕국에서 가장 역동적인 도시로 발전하던 시기인 마누엘 1세(재위 1495~1521년) 때 지어진 곳으로, 마누엘 양식을 대표하는 건축물이다. 마누엘 1세 통치기에 형성된 포르투갈 고유의 건축 양식을 마누엘 양식이라 하는데, 이는 고딕, 르네상스, 이슬람 등 여러 문화의 영향을 받은 독특한 스타일이다. 특히 조개껍데기와 해초, 탐험과 항해를 상징하는 모티프 등 대항해 시대와 관련된 장식이 특징적이다.

마누엘 왕궁의 외부는 고풍스러운 석조 건축으로, 아름답게 장식된 아치형 창문과 타워, 세밀한 조각들이 돋보인다. 왕궁 주변에는 잘 관리된 공공 정원이 있어 휴식과 산책의 공간을 제공한다.

· 마누엘 왕궁

· 말발굽 모양의 아치와 장식된 창문이 돋보인다.

· 마누엘 왕궁 공공 정원. 바스쿠
  다가마의 동상도 있다.

에보라 로마 신전은 로마 신화 속 달의 여신 디아나를 봉헌한 신전으로, 디아나 신전이라고도 불린다. 1세기경에 건축된 것으로 추정되며, 에보라 시가지 중심부의 가장 높은 곳에 자리하고 있다. 이베리아반도에서 가장 잘 보존된 로마 신전으로, 에보라가 로마 제국 시대의 중요한 옛 도시였음을 증명하는 유물이기도 하다. 현재는 기단 일부와 14개의 기둥만 남아 있지만, 고대 로마 건축의 아름다움과 기술을 엿보기에 충분하다. 로마 신전 바로 옆에는 디아나 정원이 있다. 초목과 꽃, 조형물 등으로 아름답게 꾸며져 있으며 시내를 한눈에 내려다볼 수 있어 많은 사람이 찾는 곳이다.

· 에보라 로마 신전

· 디아나 정원
· 디아나 정원에서 바라본 시내

지랄두 광장은 에보라 구시가지 중심부에 있으며, 시민들의 휴식처로 사랑받는 장소이다. 광장의 이름은 1165년 무어인들로부터 에보라를 해방시킨 영웅 지랄두 셈파부르의 이름을 따서 지어졌다. 그는 아폰수 1세의 군대에 합류하여 전투를 지휘하였고, 교묘한 전략을 사용하여 무어인들이 싸우지 않고 성을 내주도록 만들었다고 전해진다.

광장 중앙에는 16세기에 제작된 아름다운 분수대가 있고, 주변에는 산투안탕 교회 같은 역사적 건축물이 자리하고 있다. 카페, 레스토랑, 상점들이 즐비하여 지역 주민뿐만 아니라 관광객에게도 인기를 끌며, 에보라 특산품인 코르크 제품들을 구매하기에도 좋은 장소이다.

· 지랄두 광장. 산투안탕 교회도 보인다.
· 광장 중앙의 분수대(출처: 위키피디아 공용)

상프란시스쿠 성당은 1186년에 고딕 양식으로 건축되기 시작하였고, 17~18세기에 걸쳐 바로크 양식의 장식이 추가되어 현재의 모습으로 완성되었다. 이 성당은 역사적으로 중요한 장소로, 1497년에 바스쿠 다가마의 동방 원정을 기원하는 기도회가 이곳에서 열렸다고 한다. 또한 엔히크 왕이 성당의 추기경을 겸직했던 것으로 알려져 있어 종교적, 정치적으로 중요한 성당이었음을 알 수 있다.

성당의 부속 예배당인 카펠라 두스 오수스(Capela dos Ossos, 뼈의 예배당)는 인간의 뼈와 두개골로 장식된 독특한 예배당이다. 전염병으로 죽은 이들이나 전투에서 희생된 이들 약 5천 구의 시신에서 추려 낸 유골이 사용되었다고 전해진다. 이 예배당을 지은 수도사들의 유골도 이곳에 안치되어 있다. 예배당의 입구에 새겨져 있는 글귀는 "이곳에 있는 우리의 뼈는 당신의 뼈를 기다리고 있다."라는 뜻이라고 한다. 다소 음산하고 충격적으로 다가오기도 하지만, 수도사들이 사람들의 죽음을 잊지 말고 인생의 덧없음을 되새기라는 의미에서 지었다고 하며, 죽음과 영혼의 구원에 대한 깊은 종교적 사유를 담고 있다.

· 상프란시스쿠 성당(출처: 위키미디어 공용)

· 뼈의 예배당으로 가는 복도에서 중세의 분위기가 물씬 풍긴다.

· 뼈와 해골로 빽빽하게 장식된 카펠라 두스 오수스(출처: 위키미디어 공용)

· 뼈의 예배당 입구에 새겨진 글귀(출처: 위키미디어 공용)

Ⅲ

삶을 엮은
공간과 도시

· 세계 옛 도시를 걷다 ·

취 푸

살아 숨 쉬는
공 자 의
정 신

중국 산둥성 취푸[曲阜(곡부)]는 공자의 고향으로, '예의 땅'이라 일컬어진다. 춘추 전국 시대 노나라의 도읍지로 잘 알려져 있으나, 신석기 시대의 주거지와 골각 기 유적이 발견되어 그보다 훨씬 오래된 역사적 뿌리를 가지고 있음을 알 수 있다.

취푸성은 동주에서 한대까지는 동서 3.5㎞, 남북 2.5㎞에 이르는 광대한 성이 었으나, 현재는 그 규모가 약 4분의 1로 축소되어, 공자묘를 중심으로 옛 성곽 의 서남부 지역에 일부만 남아 있다.

취푸에는 공자와 관련된 대표적인 유적 세 곳이 있다. 공자 사후 1년에 노나라 애공이 세운 공자를 모시는 사당인 공묘(孔廟), 북송의 인종이 공자 가문의 종손 에게 부여된 직위인 연성공(衍聖公) 칭호를 세습할 수 있도록 세운 공부(孔府), 공 자와 그의 후손들을 위한 전용 묘지인 공림(孔林)이다.

공자는 생전에 가난 속에 살았고 남긴 책도 없었다. 하지만 그의 헌신적인 제자 들이 그의 가르침을 모아《논어》를 펴낸 것이다. 중국에서는 왕조가 바뀔 때마 다 국민 통치를 위하여 유교 윤리를 채택하였고, 수많은 마을에 유교 사당이 세 워졌으며, 취푸는 유교의 성지로 탈바꿈하였다.

취푸의 공자 사당은 여러 차례 확장과 개축, 증축과 약탈을 겪었고 현재의 건물 은 대부분 명나라 시대에 재건된 것이다. 1513년 화적패가 공자 사당과 공자 가 문의 집을 약탈하여 중요 유산이 파괴되었다. 이후 1567년 가정제는 사당을 보 호하고자 담을 쌓았는데, 지금은 제거되었고 사당 안에는 고루와 종루 등 몇 가 지 주요 건축물이 남아 있다.

공묘의 정문 역할을 하는 앙성문(仰聖門)은 명대에 중수된 취푸성의 정남문으로, 문 위 편액에는 청나라 건륭제의 친필로 '만인궁장(萬仞宮牆)'이라 쓰여 있다. 이는 《논어》에 나오는 공자의 제자 자공의 말에서 유래한 글귀로, "공자의 학문과 도는 궁궐의 담장처럼 높다."라는 뜻을 담고 있다.

· '만인궁장'이라 적힌 앙성문(출처: 위키미디어 공용)

정문을 지나면 본격적으로 공묘 참배가 시작된다. 가장 먼저 '금성옥진(金聲玉振)'이라 적힌 첫 번째 패방(牌坊)과 영성문(欞星門)이 나온다. '금성옥진'은 맹자가 공자를 평가한 말로, 공자가 학문을 집대성했음을 의미한다. 즉, 여기서 금(金)은 종(鐘), 옥(玉)은 경(磬)을 뜻하는데, 제례악은 종을 치는 것으로 시작하여 경을 울리는 것으로 끝마친다는 말로, 공자가 학문의 시작과 끝을 하나로 집대성했다는 극찬이다.

공묘의 첫 번째 문인 영성문은 1544년에 세워졌다. 고대에는 하늘에 제사를 지낼 때 먼저 영성에 제사를 지냈다 하는데, 공자를 이 별처럼 존경한다는 의미를 담고 있다. 이어서 태화원기(太和元氣), 지성묘(至聖廟)라고 적힌 2개의 패방이 세워져 있고, 성시문(聖時門), 홍도문(弘道門), 대중문(大中門), 동문문(同文門) 등을 차례로 통과해야 대성전에 도달한다.

· 첫 번째 패방인 금성옥진방
· 영성문. 그 뒤로 태화원기방, 지성묘방이 이어진다.

· 50여 개의 비석이 보관된 13비정(十三碑亭)
· 역대 황제들의 서책과 묵필, 황제가 하사한 장서 등을 보관하던 규문각

공자의 위패를 모신 대성전은 황제의 건축물에만 사용되던 양식인 겹처마 지붕으로 되어 있으며 용으로 장식된 기둥으로 받쳐져 있다. 이는 공자의 권위가 황제와 비견될 만큼 높다는 것을 의미한다.

공묘는 청나라의 옹정제가 친히 감독한 가운데 6년에 걸쳐 은 15만 냥을 들여 중수하였다고 한다. 이를 통해 규모가 남북 1,120m, 동서 200m로 확장되어 지금과 같은 웅대한 모습을 갖추게 되었다.

· 웅대한 대성전

공부는 공묘의 동쪽에 있으며, 공자의 적장손이 대대로 연성공 작위를 받고 사무를 보던 관아이자, 공자 후손들이 거주했던 저택이다. 공부는 '천하제일가(天下第一家)'라고 불릴 정도로 공자의 가문이 막대한 부와 권위를 누렸음을 보여 주는 공간이기도 하다. 공자 가문은 한대부터 청대까지 황제로부터 귀족의 특권을 부여받아 왕족에 준하는 삶을 살았다. 취푸 지역의 자치권을 행사하며 수많은 하인을 거느렸고 한 끼 식사에 180가지 요리가 나올 정도로 호화로운 생활을 누렸다고 한다. 문화대혁명 당시 공자의 77대손이 대만으로 탈출하면서 2,500여 년에 걸친 공자 가문의 취푸 생활에 종지부를 찍었다.

· 공부의 정문(출처: 위키미디어 공용)

· 공부 내부

· 연성공이 가족의 업무를
  처리하던 삼당(三堂)

· 접견실

· 내아로 들어가는 내택문.
  탐욕을 경계하는 그림
  <계탐도>가 그려져 있다.
  (출처: 위키미디어 공용)

노벽(魯壁)은 공부에서 가장 상징적인 공간이다. 진시황이 모든 경전을 불태우게 한 분서갱유 사건 당시, 공자의 후손들은 유가 경전을 벽 속에 감추어 놓았는데, 전한 시대에 공자 저택을 수리하던 중 이 경전들이 발견되었다고 한다. 노벽은 이를 기념하기 위해 명나라 때 세운 벽이다.

노벽 바로 앞에는 '공택고정(孔宅故井)'이라고 새겨진 비석과 함께 공자 집안에서 쓰던 옛 우물이 전해져 온다. 명나라 정덕제가 우물의 난간을 보수하였고, 청나라 건륭제는 공자에게 제사 지낼 때 이 우물의 물을 마신 뒤 예를 올렸다고 한다.

· 노벽
· 공자 집안의 옛 우물(출처: 위키미디어 공용)

공림은 공자와 그 후손들의 묘가 모여 있는 곳이다. 무려 10만 그루의 향나무가 병풍처럼 둘러싸고 있어 경관이 매우 수려하다. 공자는 기원전 551년에 태어나 기원전 479년에 세상을 떠난 뒤 이곳에 묻혔다. 이후 대대로 후손들의 묘가 함께 조성되면서 무덤 수가 10만여 기에 달하였고, 전체 면적은 약 60만 평에 이르렀다.

공림의 입구인 지성림(至聖林) 문으로 들어서면 개천이 흐르고 수수교(洙水橋)가 나온다. 73세가 되자 자신의 죽음을 예감하고 직접 묫자리를 찾은 공자는 취푸성 북쪽 사수 근처의 '18경'이라 불리는 터를 선택하였다. 이에 제자 자로가 "이곳의 풍수는 좋으나 앞에 강이 없습니다."라고 하자, 공자는 "서두를 것 없다. 진나라 사람이 강을 파 줄 것이다."라고 하였다. 공자가 세상을 떠난 지 270여 년이 흐른 뒤에 어떤 이가 진시황에게 이르기를, "공자의 묘 앞에 강을 파면, 공자의 옛집과 단절되어 공자는 성인이 되지 못할 것입니다." 하니, 진시황이 실제로 묘 앞에 강을 파게 했다는 이야기가 전해진다.

공자의 묘 앞에는 두 개의 비석이 있는데, 작은 비석은 금나라 때 공자의 50대손이 세운 것으로 '선성묘(宣聖墓)'라고 적혀 있다. 이보다 큰 비석은 명나라 정통제 시기에 세워진 것으로, 서예가 황양정이 예서체로 쓴 '대성지성문선왕묘(大成之聖文宣王墓)'라는 비문이 새겨져 있다.

· 공림의 입구인 지성림 문(출처: 위키미디어 공용)
· 수수교
· 진시황이 유교의 맥을 끊기 위해 만들었다고 전해지는 개천(출처: 위키미디어 공용)
· 향전(享殿)으로 가는 길

· 공자의 묘
· 공자 묘 옆에 있는 공자 아들 공리의 묘
· 공림 내 묘와 묘비들(출처: 위키미디어 공용)

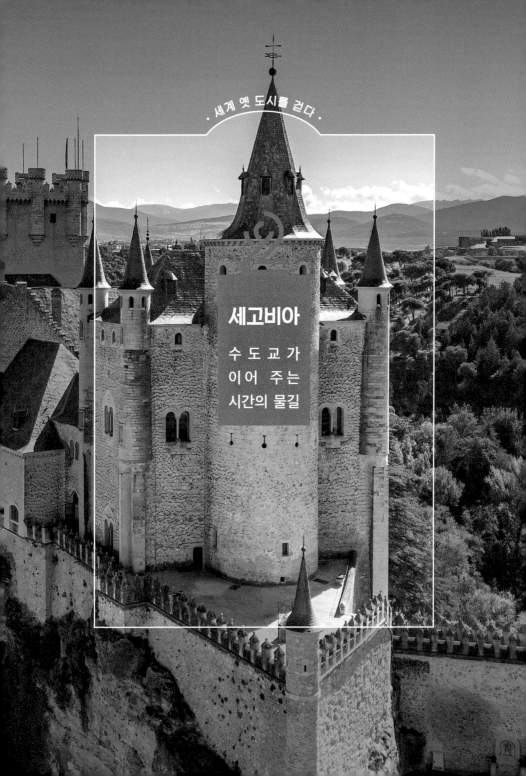

세고비아

수 도 교 가
이 어 주 는
시간의 물길

스페인의 세고비아는 마드리드에서 북서쪽으로 약 60㎞ 떨어진 과다라마산맥의 중심부에 자리한다. 평균 해발 고도가 약 750m인 고원지대에 위치하며, 북서쪽에는 해발 2,428m에 달하는 페냘라라(Peñalara) 봉우리가 솟아 있어 주변 경관을 더욱 장엄하게 만든다.

이베리아 민족이 처음 이곳에 정착하였고, 이후 로마인이 이 지역을 차지하여 수도원, 수도교(水道橋) 등을 건설하면서 본격적인 도시 형태를 갖추어 나갔다. 스페인 전역이 이슬람 세력의 침입을 받으면서 세고비아 역시 그 영향권에 들어가게 되었다.

중세 시기부터는 지정학적으로 중요한 교역로상에 위치하여 모직물 등 섬유제품이 활발히 거래되는 중심지로 번영하였다. 유대인이 정착하면서 섬유 산업이 더욱 발전하였고 인구도 증가하여 고딕 양식의 뛰어난 건축물들이 속속 들어서기 시작하였다.

카스티야 왕국 시기에 알폰소 10세는 세고비아를 수도로 삼았으며, 이를 기점으로 대성당, 광장, 성채 등이 지어져 도시 기능을 제대로 갖추었다. 특히 이사벨 1세는 이곳 산 미겔 교회(Iglesia de San Miguel)에서 즉위식을 가져 도시의 위상을 높였다. 이사벨은 아라곤의 왕자 페르난도와 결혼하여 카스티야와 아라곤 왕국의 통합을 이루었고, 이슬람 세력을 몰아내며 스페인 통일의 기반을 마련하였다. 이후에는 콜럼버스의 신대륙 발견을 후원하는 등 영토 확장의 전성기를 맞이하였다.

오늘날 세고비아는 로마 시대에 지어진 수도교와 디즈니 애니메이션 <백설 공주>에 등장하는 성의 모티브가 된 알카사르, 고딕 양식의 세고비아 대성당 등 고대 건축물과 아름다운 풍경이 어우러진 역사 도시로 사랑받고 있다. 또한 산티아고 순례길의 중요한 경유지로, 수많은 순례자들이 이곳을 방문하고 있다.

세고비아 수도교는 세고비아 도심 언덕에 도로를 가로질러 설
치된 수도교로, 기원후 1세기경 로마의 트라야누스 황제 시기에 건설
된 것으로 알려져 있다. 현존하는 로마 시대 수도교 중 가장 잘 보존된
사례이며, 세고비아의 상징물로 꼽힌다. 고지대에서 물을 끌어와 세고
비아 도심에 공급하는 기능을 하였으며, 비교적 최근인 1906년까지 실
제 물 공급에 사용되었을 정도로 구조적 완성도와 내구성이 뛰어나다.

· 2천여 년의 시간이 흐른 지금도 완벽한 모습으로
  남아 있는 수도교
· 도심을 가로지르는 거대한 수도교

세고비아 수도교 건설에는 과다라마산맥에서 채취한 화강암을 벽돌 모양으로 규격에 맞게 다듬어서 사용하였으며, 시멘트 등 접합제를 전혀 쓰지 않고 돌을 끼워 맞추었다고 하니 놀라울 따름이다. 사용된 화강암의 수량은 무려 2만 5천여 개에 달하며, 이는 수도교 건설에 엄청난 노동력과 기술이 투입되었음을 짐작케 한다. 수도교 아치 윗단에는 성인 조각상이 장식되어 있어, 단순한 기능적 구조물을 넘어 상징적이고 장식적인 효과까지 고려하여 설계되었음을 엿볼 수 있다.

수도교는 2단 구조로 지어졌으며, 가장 높은 구간의 높이는 약 30m이고 전체 길이는 813m에 이른다. 총 167개의 아치가 128개의 기둥으로 지탱되고 있다. 상단부에는 '애틱'이라 불리는 U자형 수로가 있는데, 너비는 약 1.8m, 깊이는 1.5m 정도이다. 이 수로를 따라 고지대에서 끌어온 물은 도시 곳곳으로 운반되었고, 특히 알카사르에서 주로 사용되었다고 한다.

· 아치 윗단 니치 부분에 있는 성인 조각상
· 접합제도 사용하지 않고 화강암만을 쌓아 견고하게 만든 기술이 놀랍다.

· 사람들로 붐비는 수도교 앞 아소게호 광장

세고비아 대성당은 구시가지의 중심부 마요르 광장 근처에 있다. 세련미와 우아함이 돋보여 '대성당 중의 귀부인'이란 별명을 얻었으며, 수많은 첨탑이 하늘을 찌를 듯 위엄을 더한다. 성당은 1525년에 건설되기 시작하여 1577년에 완공되었다. 이사벨 1세와 페르난도 2세의 결혼식이 거행된 곳으로도 유명하다. 대성당 부속 박물관에는 유아의 묘비가 전시되어 있는데, 유모의 실수로 창문에서 떨어져 죽은 엔리케 2세의 아들 묘비이다. 실수로 왕자를 죽게 한 유모도 즉시 창문에서 떨어져 죽었다는 비극적인 이야기가 전해진다.

· 마요르 광장 골목길 사이로 보이는 세고비아 대성당

원래 세고비아 대성당은 알카사르 근처에 있었으나 전쟁 중 파괴되었고, 이후 현재 위치로 옮겨 재건되었다. 후안 힐 데 온타뇬이라는 건축가가 성당을 설계하였고, 그의 아들 로드리고 힐 데 온타뇬이 공사를 시작했다고 한다. 스페인에서 마지막으로 건립된 후기 고딕 양식의 성당으로, 가로 50m, 세로 105m에 달하는 웅장한 규모를 자랑한다. 특히 우뚝 솟은 약 90m 높이의 종탑은 스페인에서 가장 높은 종탑으로 꼽힌다. 성당 내부는 3개의 볼트식 신랑(네이브)과 익랑, 7개의 예배실 등으로 구성되어 있다.

· 우아하고 세련된 대성당 외관

· 세고비아 대성당 내부(출처: 위키미디어 공용)
· 대성당 근처의 산마르틴 교회

세고비아 알카사르는 세고비아 서쪽 시내를 끼고 흐르는 에
레스마강과 클라모레스강이 내려다보이는 언덕 위에 자리한 성채이
다. 알카사르는 스페인어로 '성'을 의미하며, 성채를 뜻하는 아랍어 '알
카스르'에서 유래한 단어이다. 이 성은 애니메이션 〈백설 공주〉에 나오
는 성의 모델이 된 것으로 유명해, 일명 '백설 공주의 성'이라고도 불린
다. 절벽 위에 지어진 성채는 아름다운 경관을 자랑한다.

· '백설 공주의 성' 알카사르

알카사르는 세고비아가 로마와 이슬람 세력의 지배를 받던 시절, 군사적 요새가 있었던 자리에 지어졌다. 12세기 초, 알폰소 8세가 이슬람 세력을 몰아낸 뒤 기존의 요새를 확장하고 재구성하여 성을 건축하였다. 이후 알카사르는 카스티야 왕국의 왕실 거주지로 사용되었으며, 수세기 동안 여러 왕들에 의해 증축과 개축을 거듭하였다. 1570년 스페인 국왕 펠리페 2세의 결혼식이 거행된 역사적인 장소이기도 하다.

· 언덕 위에 자리한 성 뒤쪽으로 절벽이 있어 천혜의 요새가 따로 없다.
· 무어인들의 군사적 건축술이 반영되어 창문이 작고 벽이 폐쇄적이다.
· 벽 위에 해시계가 있어 '시계의 뜰'로 불리는 공간

현재 성 내부에는 갑옷과 각종 무기들이 전시되어 있으며, 이는 알카사르가 수많은 전쟁을 치른 요새였음을 보여 준다. 16~18세기에는 일부 시설이 악명 높은 감옥으로 사용되기도 하였다. 1762년부터는 왕실 포병학교로 활용되었는데, 1862년에 불발탄이 폭발하면서 소실된 이후 복원 작업을 거쳐 지금의 모습을 되찾았다.

· 성의 외벽에 있는 스페인 왕가의 문장
· 이슬람 건축의 영향이 남아 있는 방
· 왕들의 방
· 갑옷과 무기가 전시된 방

잘츠부르크

사운드 오브
뮤 직 속
그 곳

잘츠부르크는 오스트리아 중북부에 위치한 잘츠부르크주의 주도이며, 알프스의 관문 지역이다. 이 도시는 고대 로마인들에 의해 시작되었고, 8세기에 대교구가 설치되면서 발전을 거듭하였다. 특히 산자락에 소금을 가득 품은 동굴과 바위들이 즐비하여 암염 채굴업을 기반으로 성장하였다. 잘츠부르크라는 도시 이름도 소금을 뜻하는 '잘츠(Salz)'와 성을 뜻하는 '부르크(Burg)'를 합쳐 '소금의 성'이라는 의미로 지어졌다. 소금은 도시에 흐르는 잘차흐강을 통해 내륙으로 운반되었다. 이 강은 알프스의 만년설이 녹아 흐르는 물줄기로, 전체 길이는 약 225㎞에 달하며, 잘츠부르크를 지나 독일로 흘러간다.

17세기까지 대주교의 통치 아래 많은 건물이 세워져 도시의 면모를 갖추어 나갔다. 그중에서도 특히 1613~1619년에 대주교 마르쿠스 시티쿠스의 여름 별궁으로 지어진 헬브룬 궁전이 유명하다. 이후 1803년에 오스트리아에 병합되었다.

구시가지에는 대성당과 박물관이 자리하고, 산 정상에는 호엔잘츠부르크성이 우뚝 서 있으며, 거리 중심에는 모차르트의 생가가 있다. 잘츠부르크는 모차르트가 태어나 자란 곳으로, 오늘날 그와 관련된 음악제와 다양한 행사가 열리고 있으며 모차르트 초콜릿도 큰 인기를 끌고 있다.

신시가지에는 도시의 상징인 미라벨 정원이 있다. 영화 <사운드 오브 뮤직>의 촬영지였던 미라벨 정원에서 뛰노는 아이들을 보고 있노라면, 마치 도레미 송이 귓가에 울려 퍼지는 듯하다.

미라벨 궁전과 정원은 잘츠부르크에서 가장 인기 있는 관광지로, 1606년 볼프 디트리히 대주교가 사랑하는 연인 살로메 알트를 위해 지은 곳이다. 당시는 성직자의 결혼이 금지되었던 시절이었는데, 두 사람은 비밀스러운 관계를 유지하며 15명의 자녀를 두었다고 전해진다. 끝내 디트리히는 대주교 자리에서 해임되었고 요새에 감금되어 외롭게 죽음을 맞았으며, 그의 자녀들과 살로메 알트 역시 큰 고난을 겪었다고 한다.

궁전의 본래 이름은 살로메 알트의 이름을 딴 알테나우 궁전이었다. 디트리히가 실각한 뒤 대주교의 별궁으로 사용된 궁전은 1730년 건축가 힐데브란트가 개축하면서 아름답다는 뜻의 '미라벨(Mirabell)' 궁전으로 이름이 바뀌었다. 1818년 화재로 훼손된 후 복원되었고, 1950년부터는 시청사로 사용되고 있다.

· 사랑의 상징, 미라벨 궁전(출처: 위키미디어 공용)

· 궁전과 정원. 저 멀리 산 정상에 호엔잘츠부르크성이
  보인다.(출처: 위키미디어 공용)

대칭적인 꽃밭과 분수, 조각상으로 아름답게 꾸며진 미라벨 정원은 바로크 정원 예술의 진수를 보여 준다. 영화 〈사운드 오브 뮤직〉에서 수녀 마리아가 폰 트랩 대령의 자녀 7명과 함께 즐겁게 춤을 추며 도레미 송을 부른 무대가 바로 미라벨 정원이다. 이 장면은 〈사운드 오브 뮤직〉의 상징적인 장면으로, 미라벨 정원은 영화 팬들에게 꼭 방문해야 할 장소로 사랑받고 있다.

· 〈사운드 오브 뮤직〉의 명장면이 탄생한 미라벨 정원(출처: 위키미디어 공용)
· 정원의 장식 요소들

게트라이데 거리(Getreidegasse)는 미라벨 정원에서 잘차흐강에 놓인 마카르크 다리를 건너면 나오는 잘츠부르크 구시가지의 대표적인 거리이다. 좁고 구불구불한 골목길에는 다양한 상점들이 줄지어 있고, 상점마다 개성 있는 철제 세공 간판이 걸려 있다.

이 거리의 명소는 단연 모차르트 생가이다. 모차르트가 태어나 17세까지 살았던 집으로, 노란색 외관이 눈에 띈다. 현재는 박물관으로 개방되어 생전에 그가 사용했던 악기와 악보, 책상 등이 전시되어 있다.

· 가게의 특징을 표현한 철제 간판을 구경하는 재미가 있는 게트라이데 거리(출처: 위키미디어 공용)

· 모차르트의 생가

레지덴츠 광장은 16세기경 조성된 구시가지의 중심 광장으로, 잘츠부르크에 있는 광장 가운데 가장 규모가 크다. 중앙에 자리한 바로크식 분수대를 중심으로 바로크 양식과 르네상스 양식의 궁전 두 채, 잘츠부르크 대성당과 부속 박물관, 주 청사 등이 모여 있다.

· 레지덴츠 광장. 광장 중앙의 분수대가 매우 아름답다.(출처: 위키미디어 공용)

744년에 창건된 잘츠부르크 대성당은 유럽에서도 손꼽히는 유서 깊은 성당이다. 창건 당시에는 로마네스크 양식으로 지어졌으나, 이후 여러 차례 화재를 겪으며 소실된 뒤 1655년 이탈리아 건축가 산티노 솔라리가 설계한 바로크 양식으로 재건되었다. 성당 외관은 밝은색 대리석과 석회암으로 마감되어 깔끔하고 우아한 인상을 준다. 피렌체 출신 화가 도나토 마스카나가 그린 구약성서 프레스코화가 있는 곳으로 유명하며, 모차르트가 세례를 받고 오르간을 연주한 성당으로도 잘 알려져 있다.

· 잘츠부르크 대성당. 성당 전면 앞 광장에는 성모 마리아상이 있다.(출처: 위키미디어 공용)

호엔잘츠부르크성은 '고지대의 잘츠부르크성'이라는 뜻의 이름에서 알 수 있듯이 해발 542m의 산 정상에 자리한 성이다. 유럽에서 가장 잘 보존된 중세 성곽 중 하나로, 이 성에 가려면 카피텔 광장에서 케이블카(푸니쿨라)를 타고 15분 정도 가야 한다. 산 정상부에 자리한 만큼 잘츠부르크 구시가지를 한눈에 조망하기에 더할 나위 없이 좋다.

1077년 게브하르트 대주교에 의해 성의 건축이 시작되었고, 여러 차례 확장 및 개축을 거쳐 1600년대에 현재 모습으로 완성되었다. 단 한 번도 함락되지 않아 중세 시대의 모습을 잘 간직하고 있으며, 특히 두꺼운 성벽과 긴 요새가 특징적이다. 오랜 세월 동안 주거지로 사용되었을 뿐만 아니라 요새, 감옥, 병사용 막사 등 다양한 용도로 활용되었다.

성 내부에는 마리오네트 박물관, 군사 박물관, 미술관 등이 있으며 당시 왕족들의 생활 모습을 엿볼 수 있는 전시 공간이 마련되어 있다.

· 중세의 원형대로 잘 보존된 성 내부

· 산 정상에 자리한 호엔잘츠부르크성(출처: 위키미디어 공용)
· 성에서 바라본 구시가지 전경(출처: 위키미디어 공용)

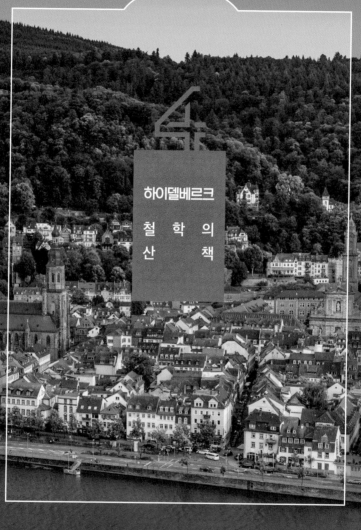

세계 옛 도시를 걷다

4

하이델베르크

철학의
산책

독일의 하이델베르크는 라인강의 지류인 네카어강 유역에 있는 바덴뷔르템베르크주의 도시이다. 인구 16만 정도의 비교적 작은 도시지만, 하이델베르크성과 독일에서 가장 오래된 대학인 하이델베르크대학교로 유명하다.

이 도시에서는 기원전 5세기경의 유적으로 추정되는 켈트족의 거주 흔적이 발견되었고, 기원전 58년 이후 율리우스 카이사르가 라인강 이서 지역을 로마 영역에 편입하면서 도시 기능을 갖추기 시작하였다. 3세기경에는 로마 제국이 쇠퇴하면서 게르만족의 영향권에 들어갔다. 12세기에 가톨릭 수도원이 건립되면서 사람들의 정착이 본격화되었다.

1386년 팔츠 선제후였던 루프레히트 1세가 하이델베르크대학을 설립하면서 학문적, 문화적 발전이 이루어졌고, 르네상스와 종교개혁 당시에는 독일 지성인들의 경연장이 되었다.

하이델베르크는 프랑스와 독일 사이에 놓인 지정학적 위치 때문에 끊임없는 전란에 휘말렸고 제국주의의 희생 도시가 되기도 하였다. 그러나 하이델베르크대학의 역할에 힘입어 독일 학문의 중심지로서 지대한 공헌을 한 도시로 기억되고 있다.

하이델베르크성은 1226년 요새로 지어졌고, 이후 팔츠 선제후의 주거용 궁전으로 개조되었다. 그 후 17세기까지 여러 차례 전쟁과 재해를 겪으며 훼손된 성은 개축이 반복되면서 후기 고딕 양식, 르네상스 양식, 바로크 양식이 혼합된 모습이 되었다.

가장 심각한 피해를 입었던 시기는 30년 전쟁 때로, 이 기간에 개신교와 로마 가톨릭교 양 진영의 공격을 받아 크게 손상되었다. 전쟁이 끝난 뒤 복원을 시도하였으나, 1689년 또다시 프랑스와의 전쟁을 치르느라 복원 작업이 제대로 이루어지지 못했다. 이에 더해 1764년에는 번개로 인해 화재가 발생하여 성은 더욱 황폐해졌다.

전란의 중심에 있었던 하이델베르크성을 두고 빅토르 위고는 "이 성은 유럽을 뒤흔든 모든 사건의 피해자이며, 그 무게로 인해 무너져 내렸다."라고 표현하기도 했다.

이후 성의 복구 문제를 두고 오랫동안 논란이 이어졌으나 결국 1890년 성을 복원하는 데 성공하였다. 복구가 이루어진 부분은 주로 프리드리히궁으로, 화재로 파괴된 부분을 중심으로 재건되었다.

· 언덕 위에 자리한 하이델베르크성
  (출처: 위키미디어 공용)

· 푸니쿨라를 타고 쉽게 성으로
  올라갈 수 있다.

· 화려한 외관의 프리드리히궁

· 오랜 세월 개축을 거듭하면서 여러 건축 양식이 혼합된 모습이다.(출처: 위키미디어 공용)
· 성의 일부는 파괴된 그대로 남아 있다.

하이델베르크성의 정원은 프리드리히 5세가 아내 엘리자베스를 위해 만든 것으로, 정원 건축가 살로몬이 설계하였다. 정원 입구의 엘리자베스 문은 1615년 프리드리히 5세가 아내를 위한 선물로 하룻밤 사이에 세운 것이라는 이야기가 전한다.

성의 지하에는 세계에서 가장 큰 와인 통 '하이델베르크 툰'이 있다. 이 술통의 높이는 7m, 너비는 8.5m 정도이며 58,080갤런(약 22만 리터)의 와인을 저장할 수 있다. 1751년 선제후 카를 테오도어의 명으로 제작된 이 술통의 실물을 보면 정말로 어마어마한 크기에 놀라게 된다.

· 정원 입구의 엘리자베스 문
· 하이델베르크 툰

하이델베르크성은 언덕 위에 자리하여 네카어강과 시내를 감상하기에도 완벽한 장소이다. 성 내부에는 다양한 역사적 유물이 전시되어 볼거리가 풍부하고, 각종 축제나 문화 행사도 자주 열려 사람들의 발길이 끊이지 않는다. 성내 일부 시설은 식당이나 카페로 활용되고 있다.

· 하이델베르크성에서 내려다보이는 그림 같은 풍경

철학자의 길은 하이델베르크를 무대로 활동한 철학자들이 거닐었던 산책로로 유명하다. 네카어강을 가로지르는 카를 테오도어 다리 (올드 브릿지)를 건너면 '뱀길(Schlangenweg)'이라고 이름 붙은 구불구불한 골목길이 나오고, 이 길을 따라 걸으면 철학자의 길로 이어진다.

독일 관념론의 아버지 칸트는 이 강변 산책길을 하루에 8번씩 거닐면서 칸트철학을 집대성했다고 한다. 하이델베르크대학에서 교편을 잡았던 헤겔, 야스퍼스, 하이데거 또한 이 길을 걸으며 삶의 지혜를 구하고 철학적 사유를 했다고 전해진다.

철학자의 길은 약 2km 정도 이어지며, 길 끝에 다다르면 하이델베르크 성과 시내, 네카어강의 아름다운 전망이 펼쳐진다. 사색에 잠기기에 더없이 좋은 길이 아니었을까!

· 구불구불한 돌담길을 따라 이어지는
　철학자의 길(출처: 위키미디어 공용)

아그라

무굴 제국
황 제 의
지고지순한
사   랑

인도 우타르프라데시주에 있는 도시 아그라는 16세기 무굴 제국의 수도로 번성했던 도시다. 아그라의 지형은 대부분 평원으로 이루어져 있고 일부 구릉지대가 있으며 야무나강과 아그라 운하에서 공급받는 물을 이용한 농업이 발달한 곳이다. 주로 기장, 보리, 밀, 목화가 생산된다.

1504년 로디 왕조의 술탄 시칸다르 로디가 델리에서 아그라로 왕궁을 옮기면서 중요한 정치적 중심지로서의 기초를 다졌다. 이후 아그라는 1526년부터 1648년까지 세 차례에 걸쳐 무굴 제국의 수도로 기능하며 정치, 예술, 종교의 중심지로 발전하였다.

18세기 무굴 제국이 쇠퇴기에 접어들면서 자트족, 마라타 제국 등 여러 세력에 의해 점령되었고, 19세기에는 영국의 식민지 지배를 받으면서 지방의 소도시로 전락하였다.

오늘날 아그라를 있게 한 타지마할을 비롯하여 아크바르 대제의 영묘, 아그라성, 사원 등이 산재해 있어 인도의 대표적인 문화유산 도시라 할 수 있다. 특히 타지마할은 인도 여행의 중심이자, 인류가 만든 가장 위대한 건축물 중 하나로 꼽힌다.

아그라에 있는 무굴 제국 시대 건축물들은 건축 양식과 장식적 예술에 있어 미학적 깊이와 다채로운 표현 방식을 보여 준다.

아그라성은 붉은 사암과 흰 대리석이 조화를 이루는 무굴 제국의 황궁이자 견고한 요새이다. 1565년 무굴 제국의 3대 황제 아크바르에 의해 요새로 축조된 이후 후대 왕들에 의해 계속해서 증축되었고, 특히 5대 황제 샤자한이 아름다운 궁전으로 새롭게 확장 및 개조하였다.

아그라성을 감싸고 있는 성벽은 길이가 2.5km이고 높이는 20m로 거대한 규모를 자랑한다. 적의 침투를 제지하기 위하여 성 주위에는 해자를 둘렀다. 해자 위 다리를 건너 주 출입구인 남쪽 문 아마르 싱 게이트를 통해 성 내부로 들어갈 수 있다.

아그라성은 반원형 구조로 설계되어 있고, 궁전의 전각들은 동쪽에 모여 있다. 성벽 안쪽에는 아크바르 문, 자한기르 궁전, 무삼만 버즈, 모스크, 정원 등이 자리한다.

· 붉은 사암으로 만들어진 견고한 성벽
· 아그라성 남쪽 출입구인 아마르 싱 게이트

· 해자로 둘러싸인 성
· 이슬람, 힌두, 중앙아시아의 건축 양식이 혼합된 무굴 제국 특유의 건축 양식을 볼 수 있다.

자한기르 궁전은 황제 아크바르가 힘겹게 얻은 아들 자한기르를 위해 지은 것이다. 궁중 여인들이 기거하던 공간이기도 하다. 성벽과 같은 붉은 사암으로 건설되었으며, 무굴 제국 건축 양식의 초기 형태로 볼 수 있다. 첨두아치와 양파 모양의 돔을 접목한 이슬람 양식과 힌두 신전의 화려한 장식을 가미한 건축 기술이 발전하기 시작한 시기의 건축물이다.

· 대칭 구조의 자한기르 궁전. 붉은 사암을 주재료로 건설되었고 내부 장식, 조각, 문틀 등에 흰 대리석이 사용되었다.

무삼만 버즈는 아그라성 내부에서 북쪽 끝에 있으며, 야무나강과 타지마할이 멀리 바라다보이는 곳이다. 일명 '포로의 탑'이라 불리며, 샤자한이 말년에 아들 아우랑제브에 의해 유폐되어 쓸쓸하게 숨을 거둔 곳으로 유명하다. 원래는 샤자한의 개인 거처와 가족들의 방이 있는 곳이었다. 샤자한 자신도 치열한 권력투쟁으로 황제 자리에 올랐지만, 그의 아들 아우랑제브도 마찬가지였다.

8년 동안 탑에 갇힌 샤자한을 곁에서 돌본 사람은 그의 첫째 딸 자하나라 베굼이었다. 1666년《코란》구절을 암송하면서 세상을 떠난 샤자한은 아들이 허락하지 않아 국장을 치르지 못하고, 조용히 백단향 관에 안치되어 야무나강을 따라 타지마할로 운구되어 아내 옆에 묻혔다고 한다.

· 무삼만 버즈 멀리 야무나강과 타지마할이 보인다.(출처: 위키미디어 공용)
· 무삼만 버즈 내부

디와니카스는 황제가 고위 관리 및 귀빈들을 맞았던 접견실로, 샤자한 시대인 1635년에 건설되었다. 아그라성 내부 건물 대부분의 건축 재료가 붉은 사암인 데 비해 이곳은 순백의 대리석으로 지어졌다. 티무르 예술의 영향을 받은 인도식 이슬람 예술의 절정이라 할 수 있다. 기하학적 패턴, 정교하고 섬세한 장식이 특징적이며, 내부는 갖가지 보석으로 장식하여 인도에서 최고로 아름답다고 할 만하다.

· 황제의 접견실로 사용된
  디와니카스
  (출처: 위키미디어 공용)

타지마할은 인도 이슬람 건축을 대표하는 걸작으로, 인도를 넘어 인류가 만들어 낸 세계 7대 불가사의로 꼽힌다. 건축물의 섬세함, 색의 조화, 완벽한 비례, 아름답고 화려한 조각은 이슬람 예술의 정수이다. 건축물만큼이나 유명한 황제 샤자한과 왕비 뭄타즈 마할의 세기의 로맨스가 깃든 곳이다. 뭄타즈 마할이 열네 번째 아이를 낳다가 죽자, 샤자한은 그녀에게 세상에서 가장 아름다운 무덤을 만들어 주기 위해 1632년부터 그녀의 묘당을 짓기 시작하였고, 완공까지 22년이 걸렸다. 하루에 2만여 명의 인력이 동원되었으며, 어마어마한 건축 비용으로 왕실 재정이 파탄 날 정도였다고 한다. 샤자한은 왕비를 너무나 사랑한 나머지 생전에 타지마할을 건설한 후 야무나강 반대쪽에 검은 대리석으로 자신의 영묘를 지어 양쪽을 다리로 연결하려는 계획을 세웠다는 이야기가 전한다. 그러나 샤자한은 아들에 의해 폐위된 후 아그라성에 감금되어 타지마할을 멀리서 바라만 보다 세상을 떠났다.

타지마할은 야무나강을 배후에 두고 동서 300m, 남북 560m의 넓은 대지 위에 세워졌으며, 높이 33m의 영묘와 부속 건물, 담, 정원 등을 갖추고 있다. 붉은 사암으로 지어진 다르와자 정문으로 들어서면 중앙 아치를 통해 흰색 영묘가 바로 보인다.

· 타지마할로 들어가는 다르와자 정문

정문을 지나 보이는 정원은 무굴 제국의 고전적인 차르바그(char bagh) 양식으로 설계된 방형의 사분 정원이다. 두 개의 대리석 수로에는 분수가 있고, 이 수로는 생명의 원천이라는 상징적 의미를 지닌다. 길 중앙에는 사이프러스 나무가 늘어서 있다. 정원을 넷으로 나누어 정원 중앙 부분의 교차 지점에 연못을 만들었다. 이 연못은 신과 인간이 만나는 신성한 장소로 여겨진다.

수로에는 타지마할의 모습이 온전히 반사되면서 더욱 신비스러운 분위기를 자아낸다. 깨끗한 순백의 영묘가 물 위에 비친 모습은 태양의 각도에 따라 하루에도 몇 번씩 모습을 달리하고, 밤에는 달빛에 따라 또 달라진다. 건축물을 바라보는 사고와 설계 능력에 그저 감탄할 뿐이다.

· 아름다운 타지마할 영묘

· 정문을 지나 보이는 정원과 수로, 영묘의 모습

타지마할 영묘는 한 변의 길이가 95m이고, 높이는 7m인 평면 기단 위에 세워졌다. 건물 중앙에 큰 돔을 두고 주변에 4개의 작은 돔을 두었다. 중앙 돔은 높이가 35m, 지름이 17m 정도로 거대한 규모이며, 왕비의 아름다움을 상징하는 기념물 역할을 한다.

영묘는 중국, 티베트, 미얀마, 튀르키예, 이집트 등지에서 수입한 보석과 준보석 광물들을 사용해 장식하였다. 흰색 대리석을 파낸 후 홈을 만들어 옥, 황색 대리석 등으로 무늬를 박은 피에트라 두라(Pietra Dura) 기법을 사용하였다. 무늬는 덩굴과 꽃, 잎을 주요 소재로 하여 새겨 넣었다. 이 영묘는 힌두교 전통과 이슬람 전통이 적절하게 융합된 독창성을 지니며, 섬세함과 정교함이 돋보이는 인도의 대표적인 건축물이다.

타지마할 영묘의 기단 네 모서리에 있는 첨탑은 완벽한 대칭을 이루어 묘당 영역을 더욱 빛내 준다. 첨탑의 높이는 42m이며 상부는 약간 바깥으로 휘어져 있는데, 이는 시각적인 효과를 주는 동시에 지진이 일어났을 때 영묘의 붕괴를 막는 대비책으로 설계된 것이기도 하다.

· 아름답게 장식된 영묘와 첨탑

· 세계 옛 도시를 걷다 ·

오카야마

검은 성과
푸른 정원

일본 오카야마는 주코쿠 산지와 세토 내해에 인접한 교통의 요충지로, 신칸센을 비롯한 철도 교통이 발달한 곳이다. 도시 북쪽은 고원지대이고, 남쪽에는 세토 내해로 흘러 들어가는 두 강 사이에 형성된 평야가 발달해 있다.

일본에서 맑은 날씨가 가장 많은 지역으로, 기온이 온화하고 강수량이 적어 봄의 딸기를 시작으로 복숭아, 포도 등 일 년 내내 과일이 풍부하게 생산되어 과일의 왕국이라 불린다.

고대의 오카야마는 야마토 정권과 연합하여 열도의 통일에 공헌하였지만 이내 배신으로 점철되는 일본 역사가 그러하듯, 세력의 분열은 쇠퇴로 이어져 지역 성장이 멈추게 되었다. 이후 16세기에 가네미쓰가 이곳에 성을 쌓고 거점으로 삼았다. 오카야마의 광대한 토지와 편리한 교통에 주목한 우키타 나오이에가 1570년에 가네미쓰를 몰아내고 성을 차지하여 이곳으로 상인들을 이주시키면서 본격적으로 도시화가 이루어졌다.

1603년에 이케다 세력이 들어와 성주가 되면서 세력을 확장하였다. 이후 4대 이케다 쓰나마사의 통치 아래 경제적, 문화적으로 성장하여 1707년에는 도시 인구가 약 3만 명에 이르렀고, 당시 일본에서 경제력을 가진 10대 도시 중 하나가 되었다. 그러나 오카야마번이 도시로의 인구 유입을 억제하는 정책을 취하면서 오히려 인구가 감소하고 도시 성장에 일부 제약이 있었다.

메이지 시대 이후에 현청 소재지가 되면서 다시 인구가 증가하기 시작했으나 제2차 세계대전 당시 미군의 공습을 받아 많은 희생을 치렀다. 전후 혼란기를 거친 뒤 지금의 도시 인구는 70만 정도이며, 지방 대도시로서 중요한 위치를 차지하고 있다.

오카야마성은 외벽이 검게 칠해진 판자로 덮여 있어 일명 '까마귀 성'이라 불린다. 1570년 가네미쓰를 몰아낸 우키타 나오이에가 성주가 되어 오카야마성을 개축하였고, 그의 아들 우키타 히데이에가 1590년부터 1597년까지 성을 개수하여 근대 성곽의 형태로 완성하였다. 그 이래로 번주가 자주 바뀌었고, 1632년에 마지막으로 이케다 미쓰마사가 입성하였다.

오카야마성은 일본의 전통적인 성곽 구조로 이루어져 있다. 혼마루가 중심이 되고, 니노마루와 산노마루가 그를 감싸는 구조의 제곽식 평산성 형태이다. 성을 끼고 흐르는 아사히강[旭川]이 천연 해자 역할을 하였다.

· 검은색 외관이 특징적인 오카야마성
· 성의 정문. 상부에 회랑을 올린 구조이다.
· 높다란 성벽 앞으로 아사히강이 흐른다.

1873년(메이지 6년)에 성을 허물라는 폐성령(廢城令)이 공포됨에 따라 천수각, 쓰키미 망루, 니시노마루 니시테 망루, 이시야마 문 등만 남기고 거의 파괴되었다. 1920년경에 남아 있는 부분들이 일본 국보로 지정되었으나, 1945년 공습으로 천수각과 이시야마 문마저도 소실되었다.

이후 1964~1966년에 천수각을 콘크리트로 재건하였고 아카즈노 문, 담의 일부 등도 재건되었다. 1996년에는 축성 400주년 기념 사업으로 외장을 단장하고, 천수각 용마루에 창건 때의 모습과 같은 금색의 샤치호코(몸은 물고기, 머리는 호랑이인 상상 속의 동물)를 설치하였다.

· 천수각 용마루 끝에 설치한 금박을 입힌 샤치호코
· 혼마루 중간 구역은 거의 재건하지 못하고 빈터로 남겨져 있다.

한편, 혼마루 어전의 재건을 위하여 마당 빈터에 건물의 위치와 규모를 표시하거나 초석을 배열해 놓았으나, 현재 재건 전망은 그리 밝지 않다고 한다.

· 건물터에 놓인 초석들
· 건축물의 벽체가 있던 곳을 표시해 둔 모습

고라쿠엔[後樂園]은 일본 조경술의 진수를 느낄 수 있는 정원이다. 이케다 쓰네마사의 명으로 1687년에 조성되기 시작하여 14년이 지난 1700년에 완성되었다. 일본 3대 정원 중 하나로 꼽히며 면적은 약 13만㎡ 정도이다. 이케다 가문의 별장이었으나 오카야마현에 양도되어 일반 대중에 개방되었고, 1952년 국가 특별 명승지로 지정되어 관리되고 있다.

오카야마성과 멀리 있는 산을 마치 정원 속으로 끌어들인 듯한 기법은 이곳 특유의 조경술로 유명하다. 수목이 잘 구성되어 있어 계절마다 피는 꽃을 다양하게 감상할 수 있도록 했다. 봄에는 흰색과 분홍색의 매화나무가, 6월에는 흰색과 보라색의 아이리스가 정원을 뒤덮고, 가을에는 붉게 물든 단풍잎이 바람에 날린다.

고라쿠엔에서는 사계절에 어울리는 각종 축제가 열린다. 초봄 축제, 잔디 태우기, 찻잎 따기 축제, 모내기 축제, 연꽃 축제, 한여름 밤 달빛 보기 등 다채로운 행사는 정원에서의 또 다른 즐거움을 선사해 준다.

영주가 정원을 찾았을 때 머물렀다는 장소인 엔요테이[延養亭]가 돋보이며 초당, 사모정, 불당 등 정원 내에 여러 건물을 배치하여 단조로움을 탈피하였다. 고라쿠엔 중앙에 있는 연못은 사와노이케라 불리며, 옛날 논의 정취를 재현한 세이덴은 이 정원에서만 느낄 수 있는 또 하나의 묘미이다.

· 고라쿠엔 입구
· 영주가 기거했던 엔요테이
· 오카야마성과 산이 정원 안에 있는 듯하다.
· 전통적인 논 경관을 모티브로 조성한 세이덴
· 에도 시대의 원형이 잘 보존된 고라쿠엔

7

구라시키

교　　　　류　　를
위　　　　　　한
길　　　　　　목

구라시키는 일본 오카야마현에 있는 도시로, 온화한 기후를 자랑하며 하천과 해안이 접해 있어 예로부터 쌀의 주산지이자 물류의 중심지로 번성해 왔다. 오카야마에서 열차로 20분이면 닿는 가까운 거리에 있다.

구라시키에는 야요이 시대부터 사람들이 정착했던 흔적이 남아 있으며, 세토내해의 수로를 이용한 교통과 물류의 요지로 자리 잡았다. 1642년 에도 막부의 직할지로 지정되어 대관소가 설치되었고, 이후 곡물과 소금, 면화 등 각종 물자가 모이는 무역항으로 발전하였다. 조선통신사가 에도로 향하는 길목이기도 했다.

운하를 따라 창고들이 들어서면서 구라시키라는 지명이 생겨났는데, 여기서 '구라[倉]'는 '창고'를 뜻하고, '시키[敷]'는 '배치하다' 혹은 '깔리다'라는 뜻으로, '창고가 늘어선 곳'이라는 의미다. 검은색 기와지붕과 흰색 벽의 전통 창고 건물이 운하와 조화를 이루는 지역은 현재 '구라시키 미관지구'로 지정되어 있으며, 옛 도시 분위기를 간직한 관광 명소로 많은 이의 사랑을 받고 있다.

구라시키를 이야기할 때는 오하라 마고사부로(大原孫三郎)라는 인물을 빼놓을 수 없다. 그는 20세기 초 방직 사업으로 큰 성공을 거둔 후 지역사회 발전에 크게 이바지하였다. 장학 재단을 운영하여 인재를 양성하고 고아원, 병원, 학교 등을 설립하기도 했다. 그의 친구였던 고지마 도라지로(兒島虎次郎)는 그의 후원을 받아 유럽으로 미술 유학을 다녀온 뒤, 오하라를 위해 명작들을 수집하였다. 그러나 안타깝게도 요절하였고, 오하라는 친구 고지마를 기리는 마음으로 1930년 일본 최초의 사립 서양미술관인 '오하라 미술관'을 설립했다. 이 미술관은 지역의 문화적 위상을 높이고 도시 발전을 촉진하였다.

구라시키 미관지구는 에도 시대의 전통적인 거리 풍경이 잘 보존된 역사적 문화 보존 지구로, 마치 과거로 시간 여행을 떠나온 듯한 기분을 느낄 수 있는 곳이다.

구라시키 미관지구의 시작은 운하 옆에 들어선 창고 거리였다. 에도 시대에 구라시키강 운하는 너비가 20m 정도로 넓었고, 하루에 40~50여 척의 배가 드나들며 물자를 실어 나르던 중요한 상업 수로였다. 지금은 운하의 너비가 10m 정도로 좁아졌고, 전통 복장을 한 뱃사공이 부리는 작은 조각배들이 관광객을 태우고 유유자적 떠다니고 있다.

운하 양옆에는 흰 회벽과 검정 기와지붕의 옛 창고 건물들이 늘어서 있는데, 이는 대부분 에도 시대에서 메이지 시대에 걸쳐 지어진 전통 건축물이다. 지금은 이 창고들을 개조하여 카페, 레스토랑, 전통 민예품점, 기념품 상점 등으로 활용하고 있어, 과거와 현재가 어우러진 독특한 분위기를 자아낸다. 400년에 가까운 역사를 지닌 전통 거리를 걸으면서 유리 공예품, 도기류, 꽃돗자리 등 지역 특색이 담긴 상품들을 구경하고, 옛 정취 가득한 경관을 즐기는 재미가 있다.

· 운하 양옆으로 전통 건물들이 줄지어 있고 늘어진 버드나무가 정취를 더한다.

· 운하에는 관광객을 태운 작은 배가 떠다닌다.

· 흰 벽과 검은 지붕의 옛 창고 건물을 개조하여 상점으로 운용하고 있다.

· 잘 보존된 옛 가옥들이 모여 있는 골목길(출처: 위키미디어 공용)
· 미관지구에서 만날 수 있는 다양한 민예품

오하라 미술관은 일본에서 가장 오래된 사립 서양미술관으로, 구라시키 미관지구 내에 있다. 미관지구를 걷다 보면 담쟁이넝쿨로 뒤덮인 돌담 뒤에 자리한 그리스 신전 같은 석조 건물이 눈에 들어오는데, 이곳이 바로 오하라 미술관이다. 이 미술관은 로댕의 〈칼레의 시민〉, 엘 그레코의 〈수태고지〉, 모네의 〈수련〉, 르누아르의 〈샘 옆의 여인〉 등 세계적인 걸작들을 다수 소장하고 있다.

미술관은 서양 명화를 중심으로 전시하는 본관, 현대 미술을 전시하는 분관, 일본 및 동아시아의 전통 작품을 소개하는 공예 · 동양관 등 테마별 전시 공간으로 구성되어 있다. 단순한 전시 공간을 넘어, 서양 예술을 일본에 소개한 선구적인 역할을 한 공간이라 할 수 있다. 지역사회가 자부심을 갖는 문화적 상징이자, 수많은 관광객과 미술 애호가들이 찾는 구라시키의 대표 명소이다.

· 일본 전통 건축물 사이에서
  더욱 눈에 띄는 오하라 미술관

· 오하라 미술관 본관
  (출처: 위키미디어 공용)

· 쌀 창고를 개축한 공예·동양관
  (출처: 위키미디어 공용)

고지마[児島]는 일본 청바지의 본고장으로, 온통 청바지로 물든 마을이다. 원래 독립된 행정구역이었으나 1967년 구라시키와 합병되었다. 예로부터 방직 산업이 매우 발달한 고지마는 한때 일본 내 학생복의 90%를 생산했을 정도로 섬유 산업의 중심지이다. 특히 1965년 '빅 존(Big John)'이라는 브랜드에서 자체 제작한 최초의 일본산 청바지가 고지마에서 탄생하면서 고지마는 일본 청바지의 발상지로 자리 잡았다. 현재 고지마 곳곳에는 청바지 벤치, 청바지 자판기, 청바지 모양 가로등 등 청바지를 테마로 다양하게 꾸며져 있어 보는 재미가 있고, 심지어 청바지 색 아이스크림도 만날 수 있다. 진즈 스트리트(Jeans Street) 같은 테마 거리에는 청바지 상점들이 즐비하다.

최근 고지마에서는 관광객을 유치하고 섬유 산업을 통해 다시 한번 재도약하고자 마을 경관 개선 등 다양한 프로젝트와 활동을 추진하고 있다. 예를 들어 아이들의 그림을 타일로 제작하여 바닥 장식에 사용하거나 조형물을 설치하는 등 마을을 가꾸는 노력이 이어지고 있다.

· '청바지 마을' 고지마
· 고지마 마을 경관 살리기

IV

사람과
자연의 도시

세계 옛 도시를 걷다

1

바　스
천　혜　의
자　　연
휴　양　지

바스는 영국 잉글랜드 남서부 서머싯주에 있는 역사적인 도시로, 에이번강 인근에 자리하여 천혜의 자연조건을 갖추고 있다. 영국에서 유일하게 입욕 가능한 천연 온천수가 솟아나는 곳으로도 유명하다.

바스의 역사는 1세기경 로마인들이 이곳에 목욕탕 유적인 로만 바스(Roman Baths)와 사원을 세우고 '아쿠아 술리스(Aquae Sulis, 술리스 여신의 물이라는 뜻)'라 부르면서 본격적으로 시작되었다. 973년에는 에드가 국왕이 바스 대성당에서 대관식을 거행하였고, 1590년 엘리자베스 1세가 내린 칙허장에 따라 도시로 공식 지정되었다. 18세기 조지 왕조 시대에는 광천 휴양지로 각광을 받아 귀족들의 휴양 도시로 크게 발전하였고, 이 무렵 조지 왕조 양식의 건축물이 대거 들어서면서 아름다운 도시 경관이 완성되었다.

바스는《오만과 편견》의 작가 제인 오스틴이 한때 거주했던 도시이기도 하다. 그녀의 작품《노생거 사원》과《설득》등에 바스가 배경으로 등장한다. 현재 바스 시내에는 제인 오스틴 센터가 있으며, 매년 9월에는 제인 오스틴 축제가 열린다.

1987년에는 도시 전체가 유네스코 세계문화유산으로 등재되었다. 극장, 박물관, 미술관 등 다양한 문화 예술 공간과 스포츠 경기장을 갖추고 있으며, 매년 300만 명 이상의 관광객이 찾는 매력적인 도시이다.

로열 크레센트(Royal Crescent)는 바스에서 가장 유명한 건축 명소로 꼽히는 곳으로, 조지 왕조 양식의 타운 하우스이다. 30채의 집이 이름처럼 초승달 모양의 반원형을 이루도록 배열되었고, 빅토리아 공원을 굽어보고 있다. 이 건축물은 존 우드 주니어(John Wood the Younger)가 설계한 작품으로 1767~1775년에 지어졌다.

조지 왕조 양식의 건축물은 일반적으로 1층은 응접실, 2층은 객실과 응접실, 3층은 가족용 침실, 지붕 층은 하인의 침실로 구성되어 있다. 로열 크레센트는 현재 개인용 주거 공간 및 호텔로 사용되고 있다. 로열 크레센트는 18세기 영국 상류사회가 중시했던 질서, 우아함, 기하학적 아름다움이 그대로 담겨 있어 영화나 드라마에도 자주 등장한다.

· 초승달 모양의 로열 크레센트(출처: 위키미디어 공용)

로열 크레센트와 거리를 따라 연결된 서커스(The Circus)도 주목할 만한 건축물이다. 이는 존 우드 주니어의 아버지인 존 우드 시니어(John Wood the Elder)가 설계하였으며, 1754년부터 1768년까지 지어졌다. 3개의 블록이 하나의 완전한 원형 구조를 이루고 있으며, 그 중심에는 나무가 우거진 원형 공원이 있다. 서커스를 중심으로 하여 동서남북 방향으로 거리가 뻗어 나가는데, 그중 하나가 로열 크레센트 방향으로 이어진다. 서커스의 건축은 콜로세움처럼 1층은 도리아식, 2층은 이오니아식, 3층은 코린트식으로 층마다 다른 고전 기둥 양식이 적용되었다. 반복적이면서도 조화로운 창문과 장식은 웅장하면서도 절제된 아름다움을 자아낸다.

· 서커스의 구조를 알 수 있는 그림
· 위에서 본 완벽한 원형 구조의 서커스
  (출처: 위키미디어 공용)

· 층마다 기둥 양식이 다른 서커스

펄트니 다리(Pulteney Bridge)는 에이번강 위에 세워진 다리
로, 신고전주의 건축가 로버트 아담이 설계하여 1774년에 완공되었다.
다리 양쪽에 건물이 세워져 있고, 그 안에 상점들이 들어선 독특한 구
조이다. 강을 가로지르는 3개의 석조 아치 구조로 되어 있으며, 원래는
좌우 대칭을 이루었으나 개보수 과정을 거치면서 양쪽 외관이 조금 달
라졌다. 펄트니 다리는 단순한 교량이 아니라, 도시와 도시 외곽을 연
결함으로써 도시 확장을 위한 핵심 인프라 역할을 했다. 지금도 지역민
과 여행자들이 자연스럽게 교류하는 장소가 되고 있다. 영화 〈레미제
라블〉에서 자베르 경감이 투신하는 장면이 촬영된 곳으로도 유명하다.

· 펄트니 다리

로만 바스는 '바스(Bath)'라는 도시 이름의 유래가 될 정도로, 이 도시의 정체성을 나타내는 중요한 역사 유적이다. 서기 60년경에 건설되어 지금까지도 그 형태가 잘 보존된 로마 시대의 공중목욕탕이다. 로마인들은 이곳을 '아쿠아 술리스'라 불렀으며, 켈트의 여신 술리스와 로마의 여신 미네르바를 동일시하여 온천과 신전을 결합한 구조로 설계하였다. 로마인들에게 이곳은 단순한 목욕 공간이 아니라 사회와 종교, 치유와 의식이 만나는 신성한 장소였다.

로만 바스의 중심은 단연 '그레이트 바스(Great Bath)'이다. 너비 약 12m, 길이 25m에 달하는 이 대형 욕탕에는 지금도 녹색 온천수가 가득 차 있다. 주변에 세워진 고대 기둥과 석조 구조물들은 신비로운 분위기를 더한다. 이를 중심으로 내부에는 온탕과 열탕, 냉탕이 배치되어 있고, 술리스-미네르바 여신에게 바쳐진 신전과 제단도 남아 있다.

로마군이 철수한 4세기경까지 목욕탕으로 사용되었고, 중세에는 수도원의 부속시설로 운영되다가 12세기경 다시 왕의 목욕탕으로 쓰였으며, 17세기 이후에는 귀족들의 휴양지로 본격 개발되었다. 엄밀히 말하자면 바닥과 기초는 로마 시대의 것이고, 중간 부분은 중세에 지어진 왕의 목욕탕이며, 맨 윗부분은 18세기에 새롭게 지어진 시설이다. 현재 로만 바스의 지하에는 당시 로마인의 생활상을 엿볼 수 있는 유물들이 전시된 박물관이 있다.

로만 바스는 오랫동안 실제로 입욕이 가능했던 온천 시설이었지만, 1978년 한 여성이 이곳의 온천수로 인해 아메바성 뇌염에 걸려 사망하는 사고가 발생한 이후로 입욕 행위는 전면 금지되고 유적으로만 보존되고 있다.

· 초록빛 온천수가 담긴 노천탕 그레이트 바스

· 열을 가해 돌을 데운 바닥 난방 시스템
· 지금도 하루에 약 100만 리터의 온천수가
  솟아나고 있다.

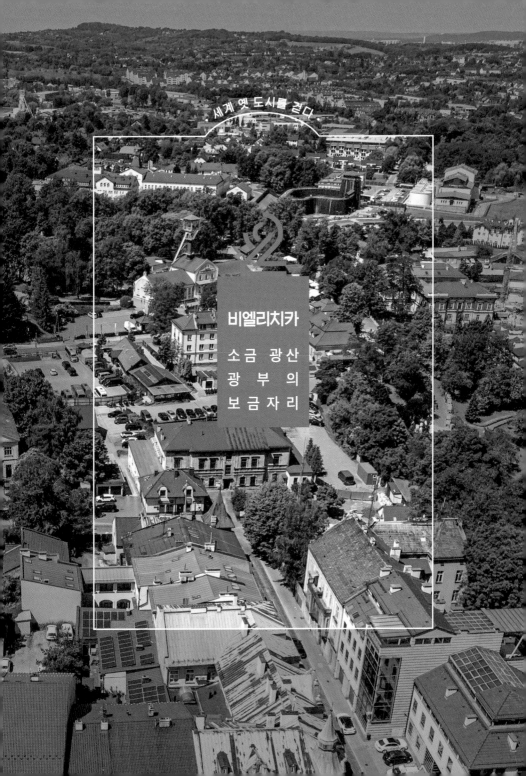

세 계 옛 도시를 걷다

비엘리치카

소 금 광 산
광 부 의
보 금 자 리

비엘리치카는 폴란드 남부의 작은 도시로, 폴란드의 옛 수도 크라쿠프에서 동남쪽으로 약 15㎞ 떨어져 있다. 유럽에서 가장 오래된 소금 광산이 있는 곳으로 널리 알려져 있다.

비엘리치카 소금 광산에서는 13세기부터 소금 채굴이 시작되었고, 14세기 중반부터 본격적인 개발이 이루어졌다. 폴란드 피아스트 왕조의 마지막 왕인 카지미에시 3세는 1368년에 소금 광산 운영에 관한 일반법을 제정하였다. 이 법은 '회색의 금'이라 불리던 소금을 캐는 광부들의 권리와 특권을 규정한 것으로, 국가 권력자들이 소유했던 소금 광산을 광부들에게 위탁하거나 임대하여 자율성과 효율성을 높인 것이었다.

야기에우워 왕조 전성기에는 국가 재정의 약 3분의 1이 소금 무역에서 나올 정도였다. 광부들은 단순히 소금을 캐는 데 그치지 않고 제염 기술을 터득하여 생산량을 크게 증가시켰다. 약 700년 동안 채굴된 소금의 총량은 7,500만 톤 이상으로 추정된다고 한다. 1826년부터 20여 년간은 광산의 소금물을 온천수로 활용하기도 하였다. 이후 1996년부터는 상업적 소금 채굴을 전면 중단하고, 유적 보존과 관광 중심으로 관리되고 있다.

이 소금 광산은 지하 327m 깊이에 걸쳐 9층 구조로 이루어져 있으며, 300㎞가 넘는 갱도에 2천여 개의 방이 있다. 광부들은 오랜 세월 그 안에서 소금을 조각해 예배당, 작품, 조각상, 운동장 등 다양한 공간을 만들어 냈다. 그중에서도 가장 유명한 공간은 샹들리에와 벽화, 조각, 제단까지 모두 소금으로 만들어진 거대한 지하 성당 '성 킹가 예배당(St. Kinga's Chapel)'이다.

비엘리치카 소금 광산은 1978년 유네스코 세계문화유산으로 등재되었다. 이 지역은 아주 오래전 바다였으나, 시간이 흘러 바닷물이 증발하고 소금만 남아 암염층이 형성되었고, 이후 발생한 지각변동으로 점토와 암염이 복잡하게 뒤섞인 지층이 만들어졌다. 이는 지층 내부에 물이 흘러도 소금이 쉽게 씻겨 나가지 않을 정도로 단단하게 유지되었다. 처음에는 경제적 이익을 위해 소금을 채굴하는 현장이었으나, 오늘날에는 역사적, 학술적, 문화적 희소성이 더해져 세계적으로 보존 가치가 높은 중요 유산으로 평가받고 있다.

· 소금 광산 입구의 세계문화유산 표식

· 소금 광산 출입구

· 출입구 옆의 기념품 판매장.
  암염을 조각해 만든 장식품이 눈길을 끈다.

소금 광산은 그 특수성 때문에 정해진 규칙에 따라 관람해야 한다. 1회 당 관람 인원이 제한되어 있으며, 정해진 시간에 전문 교육을 받은 가이드의 인솔하에 입장하게 된다. 378개의 나선형 나무 계단을 따라 지하 약 64m 깊이로 내려가면서 관람이 시작된다. 계단 옆 판벽에는 번호가 새겨져 있어 내려간 깊이를 실감할 수 있다.

전체 지하 9층 구조 중에서 일반 관광 코스로는 지하 3~4층 깊이인 135m 정도까지 내려갈 수 있다. 이 구간은 약 $3km$ 정도로, 전체 갱도의 겨우 1%에 불과하다. 내려가는 동안 28개의 방을 지나게 되며, 그중 가장 유명한 성 킹가 예배당은 지하 약 100m 지점에 있다.

· 지하로 이어지는 갱도

광산 내부 온도는 항상 섭씨 14도 정도로 유지되며, 일부 구역에서는 암염이 그대로 노출되어 있어 직접 만져 볼 수도 있다. 갱도의 버팀목으로 사용된 소나무는 소금을 흡수할수록 더 단단해지는 성질이 있어 구조 유지에 적합하다. 소금기가 스며든 벽면에는 습기로 인하여 기묘하고 독특한 얼룩이 나타나 더욱 신비스러운 분위기를 연출한다.

· 광산 내부 벽면에 노출된 암염과 소금
· 소금 순이 굳는 현상도 볼 수 있다.

과거 소금 광산의 광부들은 단순한 육체노동자가 아니라, 높은 기술과 경험을 갖춘 특별 계급으로 존중받았다고 한다. 14세기에 소금 채굴 관련 법률이 제정되면서 광부들은 직업적 자율성과 특권을 보장받았고, 그 직을 세습할 수 있었으며, 막대한 이익을 얻은 이들도 있었다. 그러나 광산 내부는 메탄가스 누출, 갱도 붕괴, 산소 부족, 먼지, 화재 등 늘 위험이 따르는 환경이었다. 광부들은 어둡고 좁은 공간을 기어다니며 소금을 캐야 했고, 사람들은 고된 노동을 하는 이들을 '고행자들', '지하의 순례자들'이라 부르며 깊은 존경을 표했다.

· 소금 채굴 작업을 하는 광부들의 모습
· 말들이 지하에서 수레를 끌거나 도르래를 돌리는 작업을 맡았다고 한다.

비엘리치카 소금 광산에는 아주 유명한 킹가 공주의 전설이 전해진다. 오래전, 헝가리의 킹가 공주는 폴란드의 왕자 볼레스와프와 정략결혼을 하게 되었다. 결혼을 앞둔 킹가는 결혼 지참금으로 무엇을 가져갈지 고민하다가 헝가리에 있는 소금 광산 하나를 선물하기로 결심한다. 당시 소금은 매우 귀한 자원이었으나 폴란드는 소금이 거의 없는 나라였기 때문이다. 킹가는 헝가리의 한 지방에 있는 소금 광산을 방문해 자신의 약혼반지를 벗어 던지면서 폴란드에도 소금이 풍성해지기를 기도했다. 그 후 킹가가 폴란드로 시집오고 얼마 지나지 않아 그녀가 말한 곳에서 소금 광산이 발견되었다. 그리고 첫 번째 소금 덩어리를 캤더니 그 안에서 킹가의 반지가 나왔다고 한다. 이 전설로 킹가는 폴란드 사람들의 사랑을 받는 성인이 되었고, 소금 광산 안에는 그녀를 기리는 성 킹가 예배당이 지어졌다.

지하 약 101m 깊이에 있는 이 예배당은 전부 소금으로 만들어졌다. 벽면에는 성경 장면을 묘사한 부조가 새겨져 있고, 천장에는 소금 결정으로 만든 샹들리에가 매달려 있다. 바닥도 반들반들한 암염으로 되어 있어 마치 대리석 궁전에 들어온 듯한 느낌을 준다. 제단 한쪽에는 킹가 공주의 소금 조각상이 놓여 있다. 광부들은 그녀를 광산의 수호성인으로 여기며 그녀의 조각상 앞에서 안전을 기원했다고 한다.

이 밖에도 광산 곳곳에는 다양하고 정교한 소금 조각들이 전시되어 있어 관람객의 시선을 사로잡는다.

· 소금 광산의 수호성인 킹가 공주가
　반지를 받는 장면을 묘사한 조각

· 킹가 조각상이 있는 예배당 제단

· 길이 55m, 너비 18m, 높이 12m 공간의
　성 킹가 예배당

· 정교하게 조각된 소금 부조들
· 법을 제정하여 광부들의 권리와 복지를 향상시킨 카지미에시 3세의 조각상

3

신트라

숲이 품은
문 명

포르투갈 신트라는 리스본에서 북서쪽으로 24㎞ 정도 떨어져 있는 도시다. 바위투성이인 해발 450m의 신트라산을 중심으로 숲과 정원, 건축물들이 어우러진 그림 같은 풍경을 자랑한다. 도시 중심에 서서 한 바퀴 돌아보면 무어인의 성부터 신트라 왕궁에 이르기까지 산봉우리를 따라 곳곳에 다양한 문화가 융합된 건축물들이 자리하여 독특하고 흥미롭다.

두 개의 봉우리 사이로 우뚝 선 무어인의 성은 8세기경 이슬람 세력이 지은 것으로, 세월이 흐르며 붕괴되었다가 19세기 중반에 복원되었다. 이 성벽에서 도시를 내려다보면 숨이 탁 트일 정도로 경치가 아름답다. 자연 속에 인간의 솜씨를 한껏 발휘해 놓았다고나 할까!

19세기 신트라는 유럽 로맨티시즘 건축의 중심지로 주목받았고, 산꼭대기에 있는 화려한 색감의 페나 궁전은 그 대표적인 예다. 신트라의 이러한 자연과 건축물의 조화는 '신트라 문화경관'이라는 이름으로 유네스코 세계문화유산으로 등재되었다.

신트라 문화경관은 1995년 세계유산으로 등재되었다. 이 도시에 들어서면 마치 푸른 숲의 품에 안긴 듯한 평온함이 밀려온다. 깊고 울창한 숲 사이사이로 인간이 만든 다채로운 양식의 건축물이 자연에 순응하듯 조화를 이루고 있다. 신트라의 길은 부드러운 곡선을 그리며 산자락을 감싸고 돈다. 산봉우리 위로는 무어인의 성이 솟아 있고, 그 아래 아기자기한 마을과 정원이 자리 잡고 있다. 숲 사이로 살짝 모습을 드러내는 궁전은 풍경화의 일부처럼 아름다운 경관에 스며든다.

· 신트라산 정상에 능선을 따라 세워진 무어인의 성이 보인다.

· 산 아래의 작은 도시 신트라

신트라 왕궁은 포르투갈 왕실의 여름 궁전으로 사용되었던 유서 깊은 장소로, 오늘날 포르투갈이 자랑하는 대표적인 문화유산 가운데 하나이다. 이 왕궁은 12세기부터 16세기까지 여러 차례 개조와 증축을 거치면서 무어, 고딕, 르네상스, 포르투갈 고유의 마누엘 양식이 혼합된 모습으로 남아 있다. 신트라 왕궁의 외관은 상징적인 원뿔형 쌍둥이 굴뚝 말고는 비교적 평범하고 소박해 보이지만, 내부로 들어서면 화려하고 정교하게 장식된 공간이 눈앞에 펼쳐진다.

· 위에서 본 신트라 왕궁. 멀리서도 왕궁의 상징인 2개의 굴뚝이 눈에 띈다.(출처: 위키미디어 공용)

· 단정하고 소박한 외관의 신트라 왕궁

신트라 왕궁 내부에는 시대마다 달랐던 취향과 종교, 문화가 겹겹이 반영되어 있다. 가장 먼저 천장에 27마리의 우아한 백조가 그려진 '백조의 방'이 눈길을 사로잡는다. 연회와 의례가 열렸던 공간이라 한다. 입에 리본을 문 까치들이 그려진 '까치의 방'도 흥미롭다. 방마다 건축 양식도 조금씩 달라진다. 아라베스크 문양과 이슬람 양식의 아치가 있는가 하면, 고딕 또는 마누엘 양식의 화려한 장식도 발견된다. 특히 팔각형 천장을 따라 포르투갈 귀족 가문의 문장 72개를 배치해 둔 '문장(紋章)의 방'에서는 푸른빛 아줄레주 타일 장식의 진수를 볼 수 있다.

· 백조의 방
· 까치의 방

· 문장의 방
· 왕궁 내부의 다양한 장식

신트라 왕궁의 외관에서 가장 눈에 띄는 두 개의 거대한 하얀 굴뚝은 단순한 장식이 아니라 왕궁의 주방과 직접 연결된 기능적 구조물이다. 왕궁 내부의 주방에는 커다란 화덕과 벽난로, 다양한 조리 도구가 갖추어져 있었으며, 그 규모와 구조에서 당시 궁중 주방의 면모를 엿볼 수 있다. 왕과 귀족을 위한 음식이 조리되는 동안 연기와 냄새가 궁 내부로 퍼지지 않도록 굴뚝을 높게 설계한 것이다.

· 왕궁의 주방
· 주방 천장 위로 원뿔형 굴뚝이 솟아 있다.

무어인의 성은 8세기경 이베리아반도를 지배했던 이슬람 세력인 무어인들이 신트라 일대를 방어하고자 세운 것이다. 돌을 하나하나 쌓아 만든 성벽이 산등성이를 따라 곡선을 그리며 이어지고, 감시탑과 망루가 곳곳에 배치되어 있다. 이슬람 세력이 물러간 뒤 12세기 초 포르투갈 왕 아폰수 1세가 이 성을 점령하면서 기독교 세력의 요새로 바뀌었고, 이후 여러 차례 개보수를 거쳐 지금의 모습이 되었다. 성안에는 작은 예배당과 옛 우물터가 남아 있다.

· 무어인의 성(출처: 위키미디어 공용)

페나 궁전은 유럽 낭만주의 건축의 대표작으로 꼽힌다. 알록달록한 색감이 마치 동화 속에 나오는 궁전처럼 느껴진다. 19세기 중엽 페르난도 2세가 폐허가 된 수도원 자리에 건설한 별궁이다. 그는 예술과 자연, 건축을 사랑했던 낭만주의 군주로, 그의 손길 아래 페나 궁전은 하나의 예술 작품으로 탄생했다. 고딕, 마누엘, 무데하르, 르네상스 양식 등 다양한 건축 양식이 혼합된 독특한 건축물이다. 회색 돌탑 옆에 노란색 돔이 솟아 있고, 붉은색의 시계탑과 아라베스크 무늬로 장식된 회랑이 한데 어우러져 있다. 궁전 내부에는 왕과 왕비가 실제로 사용했던 방이 당시 모습 그대로 복원되어 있다.

· 언덕 위에 자리 잡은 페나 궁전(출처: 위키미디어 공용)

· 페나 궁전의 화려한 외관과
　내부(출처: 위키미디어 공용)

4

체스키크룸로프

영주의 성과
이 발 사 의
다   리

체코 남부의 남보헤미아주에 위치한 체스키크룸로프는 중세의 분위기를 간직한 매력적인 소도시이다. 1989년 벨벳 혁명을 통해 체코슬로바키아의 공산 체제가 붕괴된 이후, 문화유산 보존과 관광 개발이 본격화되면서 옛 모습을 되찾은 성과 마을이 아름답게 어우러진 관광지로 부상하였다.

13세기에 보헤미아 왕국이 이 지역을 무역 거점으로 활용하고자 성과 마을을 조성하면서 본격적으로 도시가 형성되었다. 14~17세기 초까지 보헤미아 왕국의 귀족이었던 로젠베르크 가문이 이 지역을 지배하면서 르네상스 건축과 문화 발전이 이루어졌다. 이후에는 합스부르크 왕가의 통치 아래 오스트리아 대공국에 편입되었다. 1차 세계대전 이후 체코슬로바키아의 영토가 되었으나, 1938년부터 나치 독일에 합병되었다가 2차 세계대전 종전 후 다시 체코슬로바키아 영토로 복귀하였다.

블타바강이 도시를 U자 형태로 휘감아 흐르며, 그 지형을 따라 봉건영주의 성과 마을이 분리되어 마주 보듯 배치되어 있다. 체스키크룸로프성에서 전설이 깃든 이발사의 다리를 건너오면 구시가지의 중심인 스보르노스티 광장이 나오고, 그 주변의 좁다란 골목길에는 중세풍의 건축물이 빼곡히 들어서 있다.

이 도시는 영주의 성이 마을 전체를 내려다보는 조망 좋은 곳에 자리하고, 그보다 낮은 지대에는 광장과 성당, 관공서, 상점, 주거용 가옥들이 둘러싼 중세 유럽의 전형적인 마을 형태를 이룬다. 이러한 모습 덕분에 중세의 정취를 간직한 도시로 관광객들에게 꾸준한 사랑을 받고 있다.

체스키크룸로프성은 체코에서 프라하성 다음으로 큰 규모를 자랑하는 성이다. 이 성은 13세기 중반 남보헤미아의 귀족 가문인 비트코프치 가문에 의해 처음 건설되었고, 이후 로젠베르크, 에겐베르크, 슈바르체베르크 등 유력 귀족 가문의 손을 거치며 확장되고 개조되었다. 블타바강을 옆에 낀 언덕 위에 자리 잡은 이 성은 세계 300대 건축물에 포함될 정도로 아름다운 성으로 알려져 있다. 초기 건축은 고딕 양식에 기반을 두었으며, 17~18세기에 바로크와 로코코 양식이 더해져 독특하고 화려한 모습을 갖추게 되었다.

· 블타바강에서 바라본 체스키크룸로프성
· 강을 사이에 두고 성과 마을이 마주하고 있다.

성으로 진입할 때 지나는 망토 다리는 인상적인 구조물 중 하나이다. 궁전과 극장 등이 있는 성의 상부 구역과 정원, 외성 등이 있는 하부 구역을 연결하는 3단 구조로 된 아치형 다리이다. 원래는 목조 다리로 지어졌으나, 이후 재건하면서 석조 기둥 위에 아치를 덮은 것에서 '망토 다리'라는 이름이 유래하였다.

· 망토 다리. 다리 위에 복도를 두어 통행하도록 하였다.(출처: 위키미디어 공용)
· 성을 연결하는 망토 다리

성 내부의 주요 건물들은 과거 귀족 가문의 거주 공간으로 사용되었다. 르네상스풍의 회랑과 프레스코 벽화, 우아한 벽난로와 정교한 가구들로 꾸며진 공간에서 중세 시대 귀족의 삶을 엿볼 수 있다. 바로크식 정원과 바로크식 무대 장치가 완벽하게 보존된 궁정 극장도 눈길을 끈다. 이 밖에 귀족들의 신앙 공간이었던 예배실, 당대의 무기와 갑옷 등을 전시해 둔 무기고도 관람할 수 있다.

· 영주의 공간. 외벽이 벽돌로 된 것처럼 보이지만 사실 벽돌 모양으로 그림을 그려 둔 것이다.

무엇보다 가장 눈에 띄는 구조물은 단연 성 입구 쪽에 우뚝 솟은 성탑이다. 이 탑은 13세기에 성이 처음 건축될 때 함께 세워졌으며 16세기에 르네상스 양식으로 재건되었다. 외벽에는 마치 입체처럼 보이는 알록달록한 그림이 그려져 있고, 탑 꼭대기는 구리 돔 지붕과 첨탑으로 마감되어 멀리서 봐도 화려한 실루엣을 자랑한다. 성탑의 높이는 약 54m이며, 162개의 내부 계단을 따라 꼭대기에 오르면 구시가지 전체가 미니어처 마을처럼 내려다보인다.

· 하인들이 묵었던 거처
· 체스키크룸로프성의 상징인 성탑

이발사의 다리는 블타바강을 가로지르며 체스키크룸로프성과 구시가지를 연결하는 작은 목조 다리이다. 성에서 중세 마을로 넘어가는 관문 같은 역할을 한다. 이 다리는 전해 내려오는 전설로 유명하다. 그에 따르면, 신성 로마 제국의 황제 루돌프 2세는 정신질환을 앓던 아들을 이 성으로 요양 보냈다. 그 아들은 이곳에서 생활하다 이발사의 딸을 보고 반하여 그녀와 결혼했으나, 이내 정신착란을 일으켜 아내를 살해하고 만다. 이 사실을 망각한 그는 아내를 죽인 살인자를 찾겠다며 죄 없는 마을 사람들을 처형하기 시작했다. 이에 이발사는 자신이 딸을 죽였다고 거짓 자백하여 무고한 사람들의 죽음을 막았다고 한다. 이때 희생된 이발사를 기리고자 이 다리를 만들었다는 슬픈 전설이 전해진다.

· 이발사의 다리(출처: 위키미디어 공용)

스보르노스티 광장은 구시가지 한가운데 자리하며 성당, 관광 안내소, 에곤 실레 아트센터, 상점 등이 이 광장을 중심으로 퍼져 있다. 광장 중앙에는 1716년 페스트(흑사병) 퇴치를 기념하여 세운 삼위일체탑이 서 있다. 탑 꼭대기에는 성모 마리아 조각상이 있고, 탑 하단에는 페스트를 퇴치한 수호성인들이 조각되어 있다. 동유럽 도시의 광장에서는 이러한 페스트 퇴치 기념탑을 흔히 볼 수 있다.

광장 한쪽에는 16세기에 지어진 시청 건물이 자리하고 있으며, 광장에서 조금만 걸어가면 뾰족한 첨탑이 인상적인 성 비투스 성당이 있다.

· 스보르노스티 광장과 중앙의 페스트 퇴치 기념탑(출처: 위키미디어 공용)

· 우뚝 솟아 있는 성 비투스 성당의 첨탑
· 동화 같은 마을 풍경

오키나와

바 다 를
누 빈
중계무역의
왕 국

일본 오키나와는 11세기 일본 본토 도래인이 건너가 구스쿠 시대를 열면서 본격적으로 문화의 시대를 맞이하였다. 북산, 중산, 남산의 세 왕국으로 나뉘어 패권을 다투다가, 1429년 중산의 쇼하시왕에 의해 류큐 왕국으로 통일되었다. 류큐 왕국은 일본, 명, 조선과의 중계무역으로 번성하였다.

이후 메이지 정부는 1879년 류큐 왕국을 해체하고 오키나와현을 설치함으로써 오키나와를 공식적으로 일본에 병합하였다. 오키나와현의 현청 소재지인 나하시는 지금도 홍콩, 대만, 중국 등과의 교류를 위한 해상 및 항공 교통의 요충지로 기능하고 있다. 1954년 과거 류큐 왕실의 거처인 슈리성[首里城]이 있던 슈리시가 나하시로 편입되었고, 1974년에는 코자시와 미사토촌이 합병되어 오키나와시가 신설되었다.

오키나와에는 일본 본토와는 다른 독자적인 문화가 발달해 있는데, 그중 하나가 전통 의상인 류소[琉裝]이다. 류소는 더운 기후 특성에 맞춰 통이 넓고 통풍이 잘되는 옷이며, 계층에 따라 다양한 색과 문양으로 구분되었다. 전통 가옥은 동아시아의 태풍 경로가 대부분 오키나와를 거쳐 가기 때문에 거센 비바람에 잘 견디도록 낮은 구조로 되어 있으며, 붉은 기와지붕을 올리고 돌담을 두른 형태를 보인다. 그러나 태평양전쟁 이후로 전통 가옥 대부분이 파괴되었고 현대화로 인해 그 모습을 찾아보기가 힘들어졌다.

오키나와의 문화유산은 일본 본토와는 다른 자생적인 전통과 중국과의 교류로 인해 중국풍을 띄는 독특한 양식을 지니고 있다. 400여 년간 류큐 왕국의 궁전이었던 슈리성, 왕실 전용 별장이자 외국 사신을 접대하던 시키나엔[識名園], 해안선을 따라 방어 목적으로 축조한 석축 성곽 등은 '류큐 왕국의 구스쿠 유적지와 관련 유산'이라는 이름으로 2000년에 유네스코 세계문화유산으로 등재되었다.

슈리성은 류큐 열도에 북산, 중산, 남산의 세 왕국이 존재하던 삼산시대(三山時代)에 중산의 성으로 사용된 것으로 보인다. 1429년 삼산이 통일되면서 류큐 왕국이 세워졌고, 슈리성은 왕국의 수도성으로 기능하면서 정치, 외교, 종교, 문화의 중심지 역할을 하였다.

1879년(메이지 12년) 일본 정부가 류큐 왕국을 공식 병합하면서 국왕이 퇴거한 슈리성은 일본군의 주둔지, 학교, 관공서 등으로 사용되었다. 그러다 1945년 오키나와 전투로 인해 완전히 파괴되었고, 1992년 오키나와 본토 복귀 20주년을 기념하여 국영 공원으로 복원되었다.

슈리성 초입에 있는 '예를 지킨다'라는 의미가 담겨 있는 문인 슈레이몬[守禮門]을 지나, 성곽 내로 들어가는 첫 번째 관문인 칸카이몬[歡會門, '환영의 문'을 뜻함]을 시작으로 호우신몬[奉神門, '신을 숭상하는 문'을 뜻함]까지 총 5개의 문을 통과해야 중심 건물인 세이덴[正殿(정전)]에 도달할 수 있다.

· 슈리성 초입의 슈레이몬(출처: 위키미디어 공용)
· 국왕이 성 밖으로 외출할 때 안전을 기원하던 석문

· 성곽 내로 들어가는 첫 번째 관문 칸카이몬
· '성스러운 샘물의 문'을 뜻하는 두 번째 관문 즈이센몬[瑞泉門]. 좌우 벽 위에 망루가 있다.
· 세 번째 관문인 로코쿠몬[漏刻門]을 지나 내려다본 모습
· '복을 퍼트리는 문'을 뜻하는 네 번째 관문 고후쿠몬[廣福門]
· 정전으로 가는 마지막 문 호우신몬. 문 너머로 세이덴이 살짝 보인다.(출처: 위키미디어 공용)

슈리성은 크게 내곽과 외곽으로 나뉜다. 성 안쪽 깊숙한 곳에 자리한 궁전은 온통 붉은색이다. 슈리성은 일본 성곽 양식과 오키나와 고유의 양식, 중국풍의 문양과 기와 장식이 절묘하게 융합된 독특한 건축미를 보여 준다.

내곽 구역에는 국왕의 집무 공간인 세이덴, 관료들의 업무 공간인 호쿠덴[北殿], 외국 사신을 접견하고 의례를 치르던 공간인 난덴[南殿], 보초소인 반쇼[番所] 등이 배치되어 있다. 세이덴 내부에는 금색 옥좌가 놓여 있고, 국왕의 권위와 중국과의 유대를 상징하는 황금색 용 장식물로 화려하게 꾸며져 있다.

· 붉은색이 인상적인 세이덴

· 세이덴 내부
· 호쿠덴
· 난덴

시키나엔은 류큐 왕국의 아름다운 정원 문화를 보여 주는 곳으로, 슈리성에서 남쪽으로 약 2㎞ 정도 떨어져 있다. 류큐 왕국이 건축한 왕가의 별궁으로, 왕족들이 휴양을 즐기거나 중국에서 온 사신을 접대하는 공간으로 사용되었다. 다양한 품종의 수목이 숲을 이루고, 연못 위로는 두 개의 아치형 석교가 놓여 있으며, 중국풍 육각 정자와 붉은 기와 지붕의 류큐식 목조 가옥이 어우러져 있다. 천천히 정원을 거닐며 자연과 건축의 조화로움 속에서 류큐 왕국의 고요한 품격을 느낄 수 있다.

· 국가 명승지인 시키나엔의 입구
· 입구로 들어서면 울창한 숲길이 펼쳐진다.
· 지금도 흘러나오는 샘물
  이쿠토쿠센[育德泉(육덕천)]

· 연못을 중심으로 정자, 다리, 가옥 등이
  배치된 회유식 정원이다.

· 류큐식 전통 목조 가옥

쓰보야 야치문 거리는 오키나와 전통 도자기를 쉽게 만나 볼 수 있는 도자기 거리로, 나하시의 국제거리에서 마키시 공설시장을 지나 도보로 5분 정도의 거리에 있다.

'야치문'은 오키나와 말로 도자기를 뜻한다. 1682년 류큐 왕국이 여러 지역에 흩어져 있던 도공들을 쓰보야로 집결시키면서 이 거리가 형성되었다.

거리에 늘어선 상점과 공방들 하나하나가 작은 도자기 미술관 같다. 전통적인 도자기부터 실용적이고 현대적인 도자기까지, 다채로운 오키나와 도자기를 전시, 판매하고 있다. 이 거리는 전통적인 석조 길과 붉은 기와지붕이 잘 보존되어 있어 옛 정취를 느낄 수 있는 산책 코스로도 인기가 높다.

거리 한편에 자리한 나하 시립 쓰보야도자기박물관은 오키나와 도자기의 역사를 한눈에 볼 수 있는 곳으로, 도자기의 재료, 제작 기법, 전통 도구, 작품 등을 전시하고 있다.

· 쓰보야 야치문 거리
· 나하 시립 쓰보야도자기박물관

요미탄 도자기 마을은 지금도 전통 방식으로 도자기를 구워 내는 도예 마을이다. 이 마을은 1974년 나하시의 도시 팽창과 함께 쓰보야 거리에 있던 도자기 장인들이 요미탄 지역으로 집단 이주하면서 형성되었다. 도자기 인간문화재 긴조 지로를 비롯하여 많은 도공이 이곳에 정착해 자신만의 특유한 기법으로 작품을 만들어 내고 있다.

마을 정상부에는 지역 최대 규모의 등요(登窯), 즉 오름 가마가 있다. 이 전통 가마는 약간 경사진 지형을 따라 설치되어, 아래쪽 아궁이에서 불을 지피면 위쪽 가마 소성실로 불길이 옮겨 가면서 열이 퍼지는 구조이다. 소성실 내부에는 격벽을 두었고, 불창을 통해 화력을 세밀하게 조절할 수 있으며, 보통 4일간 불을 지펴 온도를 유지한다고 한다.

매년 12월에는 '요미탄 야마야키 도자기 시장'이 열리며, 작가들의 작품을 할인된 가격에 구매할 수 있어 도자기 애호가들이 모여든다.

· 요미탄 도자기 작품 공동 직판점

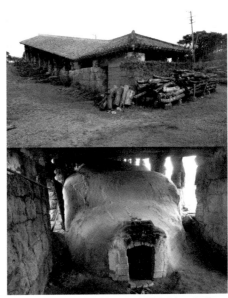

· 마을의 상징인 전통 오름 가마
· 마을의 공방들

자키미성터는 1416~1422년에 류큐 왕국의 통일에 기여한 무장 고사마루가 축조한 성곽 유적이다. 해발 약 127m의 평탄한 지형에 세워진 성벽은 구불구불한 곡선 형태로 쌓아 외부 침입을 방어하고, 성벽 위에서 대항 세력을 감시할 수 있도록 설계되었다. 맑은 날에는 나하의 슈리성과 오키나와 서쪽 해안의 섬들을 조망할 수 있으며, 일출과 일몰 때의 풍경이 특히 아름답다고 한다.

· 석회암을 빈틈없이 쌓아 만든 곡선형 성벽이 잘 보존된 자키미성터

나키진성터는 오키나와 본섬 북부, 모토부반도에 위치한 마을 나키진촌에 있는 성곽 유적이다. 나키진성은 류큐 왕국이 통일되기 전, 가장 넓은 영토를 차지하고 있던 북산국의 중심 지역에 세워진 왕의 거처였다. 북산은 1416년 중산에 의해 멸망하였고, 이후 나키진성은 점차 쇠퇴하다가 1609년 사쓰마번이 류큐 왕국을 침공했을 때 크게 소실되었다. 그러나 성벽과 그 터만은 옛 모습대로 남아 있다. 다듬지 않은 자연석을 정교하게 쌓아 올린 성벽은 약 1.5km에 걸쳐 이어지며, 당시의 뛰어난 축성 기술을 보여 준다. 해안가의 산 정상부에 위치하여 성벽 자체가 웅장하고 거친 느낌을 준다. 이곳은 오키나와에서 가장 먼저 벚꽃이 피는 명소로, 매년 1월 말부터 2월 초까지 나키진성터 벚꽃 축제가 열려 많은 관광객이 찾고 있다.

· 모토부반도의 서쪽을 방비했던 철옹성 나키진성의 성벽

· 자연석을 쌓아 올린 성벽이 여전히 견고하다.

· 해안가에 있어 경관이 빼어나다.

· 성안에 있는 작은 사당

세계 옛 도시를 걷다

초판 1쇄 인쇄 · 2025. 5. 12.
초판 1쇄 발행 · 2025. 5. 23.

—

지은이　여홍기
발행인　이상용 · 이성훈
발행처　청아출판사
출판등록　1979. 11. 13. 제9-84호
주소　경기도 파주시 회동길 363-15
대표전화　031-955-6031 팩스 031-955-6036
전자우편　chungabook@naver.com

—

ⓒ 여홍기, 2025
ISBN 978-89-368-1255-3 03900

—